Thomas Rusche

KLEINES SØR-BREVIER DER KLEIDUNGSKULTUR

Für meine Eltern

Biographische Notiz

Heinrich Thomas Rusche, geboren 1962 in Münster, hat 1982 am privaten Mauritius-Gymnasium des Jesuitenkollegs Büren maturiert.

Von 1982 bis 1988 studiert er Wirtschaftswissenschaften und Philosophie an den Universitäten Freiburg, Schweiz und FU Berlin. 1988 übernimmt er die Geschäftsführung der SØR-Herrenausstatter und die Präsidentschaft der International Menswear Group, dem Weltverband der Herrenausstatter.

1991 promoviert er über strategisches Sortimentsmanagement im Handel. 1992 erwirbt er den Magister artium.

Thomas Rusche

KLEINES SØR-BREVIER DER KLEIDUNGSKULTUR

Der Knigge für den Herrn

LIT

2. Auflage 8.–23. Tausend
ISBN 3–89473–101-x

Inhalt

Vorwort zur ersten Auflage	5
Vorwort zur zweiten Auflage	8
Anzug	9
Hose	49
Mantel	61
Hemd	80
Krawatte	96
Strickwaren	119
Strümpfe	128
Schuhe	143
Schirm	159
Badehose	172
Bademantel	178
Lederbekleidung	180
Herrenschmuck	184
Pflege	192

Vorwort zur ersten Auflage

Die Garderobe des klassisch gekleideten Herrn ist im Gegensatz zur saisonal wechselnden Mode durch die unverwechselbare Kontinuität der Kleidungskultur gekennzeichnet.

Kultur meint eine bestimmte Qualität menschlicher Tätigkeiten, nämlich nicht die bloße, durchschnittliche Ausführung einer Handlung, sondern deren Steigerung zur größtmöglichen Vollkommenheit. Kultur hat, wer eine Handlung so auszuführen versteht, wie sie der jeweiligen Sache entspricht.

Kultur vollendet das Jeweilige. Das Jeweilige der Kleidung ist der Anlaß. Kleidungskultur ist deshalb anlaßbezogen. Kleidungskultur konkretisiert sich in der anlaßgerechten Kleidung. Indem der Mensch mit seiner Kleidung dem jeweiligen Anlaß gerecht wird, schafft er Kleidungskultur.

Kleidungskultur beginnt mit der Frage: “Wie kleide ich mich wozu?” Dieser kulturelle Kleidungsanspruch steht dem Modediktat diametral gegenüber. Die Tyrannen der Mode erklären im hektischen Wechsel unterschiedliche Extreme zum ‘Muß’. ‘In’ und ‘out’ sind beliebte Vokabeln dieses Modediktats. Kleidungskultur hingegen sucht mit Aristoteles die tugendhafte Mitte zwischen den modischen Extremen der Weiten und Breiten.

Jenseits der wechselnden Extreme entspricht die Kleidungskultur dem jeweiligen Anlaß und dem persönlichen Stil des Menschen. Anlaßgerechte Kleidung ist keine Frage des Alters, sondern des persönlichen Anspruchs. Hat der Mensch die kulturelle Dimension der Kleidung erkannt, wird er sich ihr verpflichtet fühlen und selbst Kleidungskultur schaffen wollen. Ein jeder Mensch ist eine Persönlichkeit, und für jede Persönlichkeit gibt es einen vollkommenen Kleidungsstil. Habe ich meinen persönlichen Kleidungsstil gefunden, gibt es keinen Grund, ihn zu wechseln, sondern nur unterschiedliche Anlässe, meinen individuellen Stil zu variieren und kulturell auszuformen.

Glücklicherweise wurde ich bereits von Kindesbeinen an mit der Welt der Herrenkleidung vertraut gemacht, ohne später die Freude daran zu verlieren. Dabei haben mich das ausgeprägte Stilempfinden meines Vaters mit seiner vollendeten Kleidungskultur ebenso geprägt wie das souveräne Gespür meiner Mutter für die anlaßgerechte Zusammenstellung von Formen, Farben und Stoffen. Während meiner Ausbildung begegnete ich namhaften Kennern wie Peter Coggs, David Nicholsen, K.-H. Pfitzmann, Harry Rosen und Dieter Schröder. Diese Begegnungen wurden mir zur Lehre.

Bei der Zusammenstellung der Materialien für die seit Jahren erscheinenden und hiermit erstmalig kompilierten SØR-Breviere durfte ich große Unterstützung erfahren. Ulrich Bachmann, Hugo Berens, Günther Drewes, Herbert Hoffeller, Hergen Kay, Axel Schlicker, Daniel Schnier, Karin Tanger und Günther Wegemann seien dankend erwähnt. Naturgemäß sind die schier unerschöpflichen Archive der traditionsreichen SØR-Herrenausstatter für diese Publikation von eminenter Bedeutung. Diese beispiellose Dokumentationssammlung der Herrenbekleidung umfaßt Originalgemälde, Kupferstiche, Textilien und Photographien vom 16. Jahrhundert bis zur Postmoderne.

Mit diesem SØR-Brevier kann erstmals eine kleine Enzyklopädie der internationalen Kleidungskultur vorgelegt werden, die sich der zeitlosen Gültigkeit des guten Geschmacks verpflichtet fühlt. Möge dieses Organon dem gültig gekleideten Herrn als Ratgeber zur Seite stehen.

Berlin, im Juli 1991 Thomas Rusche

Vorwort zur zweiten Auflage

Wenige Monate sind seit dem Erscheinen der Erstauflage vergangen. Daß nun bereits die zweite Auflage druckgelegt wird, freut naturgemäß den Autor. Dank gebührt Herrn Dr. Wilhelm Hopf, Lit Verlag, für seine verlegerische Unterstützung. Herrn Dr. Reinhard Zinkann, Miele & Cie., ist die Überarbeitung des Pflegekapitels zu verdanken.

Das Interesse an der Kleidungskultur ist lebendig, die Suche nach einem kompetenten Knigge für den Herrn groß. Möge diese aktualisierte und erweiterte Fassung des SØR-Breviers den Bedürfnissen der geneigten Leser entsprechen. Anregungen und Rückfragen werden mit Interesse erbeten.

September 1992

Thomas Rusche
Bleibtreustr. 33
1000 Berlin 15

Anzug

Historie

In der Neuzeit folgt der Mann von Welt bis zum Ende des 18. Jahrhunderts den Moden des französischen Hofes. Wie im Tierreich übertrifft dabei das männliche Geschlecht sein weibliches Pendant mit farbenfrohen, kostbar bestickten Gewändern und Samten.

Bürgerliche Freiheitsbewegungen in England führen bereits in den Jahrzehnten vor der französischen Revolution zu einer Demokratisierung des Herrenkleides. Der englische Bürger trägt nun einen einfarbigen Tuchrock in gedecktem Blau, Grün oder Grau mit farbig abgesetzten Beinkleidern. Der Oberrock ist schmal und frackähnlich geschnitten. Die Stoffülle wird reduziert, um die Bewegungsfreiheit zu erhöhen.

Goethe läßt Werther bereits im Jahre 1774 einen blauen englischen Frack tragen. Diese "Werthertracht" setzt sich mit dem Aufstieg des dritten Standes im 19. Jahrhundert auch in Deutschland durch und wird zum europäischen Allerweltskleid.

Der einfache Tuchrock, zuerst nur als Reitanzug getragen, erhält einen schmalen, frackähnlichen Schnitt. Dazu werden Kniehosen und Westen getragen, die sich im Laufe der Zeit in ihrer Form stark vereinfachen.

Tonangebend für männliche Eleganz waren im 19. Jahrhundert die Vereinigungen der vornehmen Gesellschaft. Der bekannte Londoner Macaroni-Club hat auf die Mode dieser Epoche entscheidenden Einfluß. Als prominentester Dandy gilt George Bryan Brummel (1778–1840), der in einem Standeskatalog exakt festlegt, was als 'in' zu gelten hat.

Die bekannte Silhouette des klassischen Anzugs mit hochgeschlossenem Revers und gering taillierter Form kommt 1867 in Mode, als der Prince of Wales und spätere König Edward VII. (1841–1910) erstmalig mit einem aus gleichem Stoff gefertigten Anzug erscheint. Zunehmend wird es üblich, den ganzen Anzug in einheitlicher Farbe zu tragen. Anthrazit und schwarz dominieren nun die Optik des Mannes von Kopf bis Fuß.

Um 1900 hat der Herr die Wahl zwischen Frack, Gehrock und Straßenanzug. Letzterer wird zu Beginn dieses Jahrhunderts vom New Yorker Herrenausstatter Brooks Brothers aus England in die USA importiert und tritt damit seinen internationalen Siegeszug an.

Bis in die zwanziger und dreißiger Jahre nur als Tages- und Straßenanzug üblich, wird dieser Kleidungsklassiker nach dem Zweiten Weltkrieg auch abends gesellschaftsfähig. In schwarz oder dunkelblau ersetzt er bei halboffiziellen Anlässen zunehmend Frack und Smoking.

Mit seiner hundertjährigen Tradition gehört der Anzug zu den unverzichtbaren Klassikern der Kleidungskultur unseres Jahrhunderts.

Material

Reine Schurwolle – vom Schaf geschoren und erstmals verarbeitet – ist das unverzichtbare Grundmaterial für den anspruchsvollen Anzug.

Flanell

Flanell ist eine der wichtigsten Stoffqualitäten. Im Unterschied zum reinen Kammgarn-Serge ist der Flanell aus Streich- oder Kammgarn. Der weiche, schmiegsame Griff edler Flanelle wird erreicht durch das Walken der feinen Merinowolle, die sehr filzfreudig ist. Die weichgedrehten, melierten Garne werden tuchbindig, häufiger allerdings köperbindig, gewebt. Der Flanell ist eine Stoffqualität, die in erster Linie für ein- und zweireihige Tages- bzw. Businessanzüge mit Rücken- oder Seitenschlitzen verarbeitet wird. Flanell sollte möglichst nicht ohne Erholungsphase mehrfach getragen werden.

Shetland

Die Shetland-Inseln liegen im Nordosten Schottlands und sind mit ihren gröberen Wollqualitäten genauso Ursprung des Shetland-Pullovers wie der echten Shetlandstoffe. Heute werden mittel- bis großfädige, leicht meltonierte Streichgarnstoffe aus gröberen Wollen damit gekennzeichnet. Seltener sind die oft aus Halbkammgarn gefertigten Kammgarnshetlands. Typisch für den echten tuch- oder köperbindig gewebten Shetland sind die Melangeoptik und das offene Gewebe. Shetlands sind sehr strapazierfähig und knitterresistent. Shetlandqualitäten werden für sportive Anzüge verarbeitet.

Cheviot

Cheviot ist ein körniger, unempfindlicher, sportlicher, strapazierfähiger Wollstoff mit aufgerauhter Oberfläche. Cheviots werden in einfarbigen oder bunten Kamm- oder Streichgarnen gewebt. Die köperbindigen Cheviotqualitäten werden bevorzugt für sportliche Anzüge verarbeitet.

Tweed

Der typische Tweed mit Köperbindung ist melangefarbig, zumeist mit Noppen und Stichelhaaren, entweder klarfädig oder mit leicht verwischter Oberflächenoptik. Echt schottische Tweeds haben zumeist kleinrapportige Dessins. Die oftmals noch farbintensiveren irischen Tweeds sind in der Regel großflächig gemustert. Der Begriff Tweed wird häufig durch Gebietsnamen (Channel Tweed, Irish Tweed) präzisiert.

Tweedstoffe eignen sich besonders für die kühle Jahreszeit. Typische Tweedanzüge werden mit Rückengurt, Golffalten und Lederapplikationen sportlich ausgestattet.

Gabardine

Gabardine ist ein sehr strapazierfähiges, schmutzabweisendes und glattes Gewebe mit klaren diagonal verlaufenden Rippen (Köpergrate = Köperbindung) aus feinen bis mittleren Kammgarnen bzw. Kammgarnzwirnen, häufig uni, nur selten meltoniert.

Gabardinequalitäten sind typisch für Businessanlässe und in den feinsten Qualitätsstufen auch für den offiziellen Anzug geeignet.

Lambswool

Lambswool ist Wolle der ersten oder zweiten Schur eines jungen Tieres bis zum Alter von einem Jahr. Vom Merinoschaf ist sie besonders fein, weich, geschmeidig und kratzt nicht. Die Qualität wird für die Fertigung von Sakkostoffen, aber auch als Beimischung für viele Anzugstoffe verwendet. Hochwertige Lambswool ist keine strapazierfähige Qualität. Sie bedarf deshalb einer regelmäßigen Ruhepause.

Tropical

Tropical ist ein leichtes, tuchbindiges Gewebe aus Kammgarn. Das klare Gewebebild, die mattschimmernde Oberfläche und der körnige Griff sind ebenso typisch wie seine enorme Festigkeit und Knitterunempfindlichkeit. Der Tropical ist eine ausgesprochen sommerliche Qualität, ein echter 'Cool Wool'-Stoff. Klassische Tropicals sind unifarben und werden für Tages- und halboffizielle Anzüge verarbeitet.

Mohair

Die Wolle der Uniqualität Mohair stammt von der ursprünglich in der Türkei beheimateten Angoraziege. Das klare Gewebebild dieser Stoffe läßt die Atlasbindung erkennen. Wichtige Merkmale des Mohairs sind sein Glanz, der elegante Fall und sein körniger Griff. Mohair empfiehlt sich für Business- und offizielle Anzüge.

Cashmere (Kaschmir)

Cashmere ist der Inbegriff des Luxuriösen. Die Cashmereziege lebt in Asien auf einer Höhe von 3 000 bis 4 000 m und schützt sich mit ihrem sehr feinen Unterhaar gegen die Kälte. Nach dem Aussortieren der gröberen grauen Haare beträgt die Jahresmenge nur 80–100 g je Tier. Cashmerequalitäten bestehen aus einer Atlasbindung und werden zumeist als Beimischung für Tages- bzw. Businessanzüge verarbeitet.

Seide

Seide wird aus den Gespinsthülsen (Kokons) der Raupe eines in Ostasien beheimateten Schmetterlings (Seidenspinners) gewonnen. Die Raupen des Schmetterlings ernähren sich von den frischen Blättern des Maulbeerbaumes. Zur Erzeugung von Seide werden Seidenraupen gezüchtet. Das Weibchen legt ca. 300 bis 400 Eier, denen die Raupen entschlüpfen. Nach etwa 30 Tagen beginnen sie sich einzupuppen. Vier bis sechs Tage benötigen die Seidenraupen, um aus dem etwa 3 000 m langen Faden ein taubeneiförmiges Gehäuse zu fertigen. In diesem Gehäuse verwandelt sich die Raupe zur Puppe und später zum Schmetterling. 5 000 Kokons wiegen 3 bis 5 kg. Daraus kann etwa 1 kg reine Seide gewonnen werden. Reine Seide dient der Fertigung festlicher Abendkleidung und eleganter Sakkos.

Baumwolle

Die meisten Baumwollqualitäten haben eine Leinwand- oder Köperbindung. Die gebräuchlichste Qualität zur Fertigung von Anzügen ist die amerikanische Upland-Baumwolle.

Baumwolle ist hautsympathisch und luftdurchlässig und empfiehlt sich für sommerliche Geschäftsanzüge.

Baumwollanzüge sind halb- oder ganzgefüttert und nicht knitterresistent.

Leinen

Leinen wird aus den Stengeln der Flachspflanze gewonnen. Die körnige Gewebestruktur mit Leinwandbindung und charakteristischen Garnverdickungen knittert edel und wirkt bei Hitze kühlend. Leinen ist eine sommerliche Qualität.

Dessinierung

Klassisch gültige Dessins der Herrenausstattungen sind die hier aufgeführten Musterungen.

Glencheck

Zur Unterscheidung der verschiedenen Clans besitzen die schottischen Familien unterschiedliche Checks (Karos). Die daraus abstammende Musterbezeichnung ist Glencheck, die auf viele Qualitäten anwendbar ist. Glenchecks sind meist schwarz/weiß gemustert und für Tages- und Businessanzüge zu empfehlen.

Glenchek

Hahnentritt

Hahnentritt ist wie der Begriff 'Glencheck' eine reine Musterbezeichnung, die auf viele Qualitäten anwendbar ist. Immer auf einer Köperbindung aufgebaut, hat sich der Hahnentritt als Bezeichnung für abgewandelte Kleinkaros durchgesetzt, die an den Ecken kleine Verlängerungen besitzen, welche dem Abdruck einer Hahnenkralle ähneln. Hahnentritt wird zumeist schwarz/weiß gewebt. Andere Garnfärbungen sind möglich. Der Hahnentritt ist ein typisches Musterungsbild für Tages- und Businessanzüge.

Hahnentritt

Pepita

Pepita ist ein köper- oder leinwandbindiges Gewebe, bestehend aus hellen und dunklen Karos mit der Grundfarbe schwarz/weiß. Andere Farbstellungen sind möglich. Als Tages- oder Businessanzug eignet er sich hervorragend.

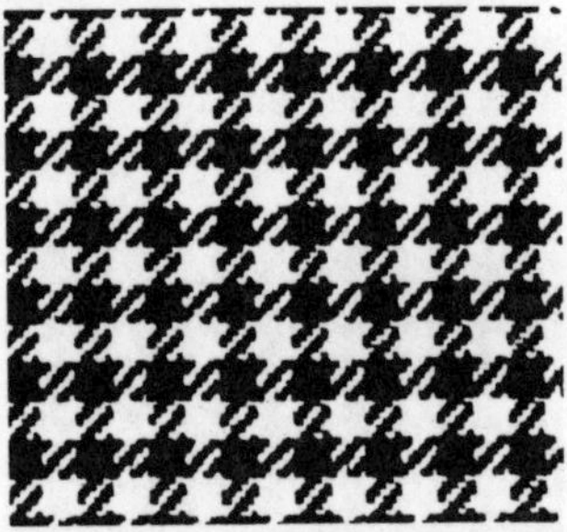

Pepita

Fil-à-fil (Pfeffer und Salz)

Ursprünglich vom Kontrast und der Farbe beider Gewürze abgeleitet, bedeutet Pfeffer und Salz (Fil-à-fil) die Farbstellung 1 hell/1 dunkel. Dank der Köperbindung ergibt sich als Mustereffekt das typische Treppchen. Mehrere Farbvarianten sind möglich. Fil-à-fil-Anzüge empfehlen sich für Businessanlässe.

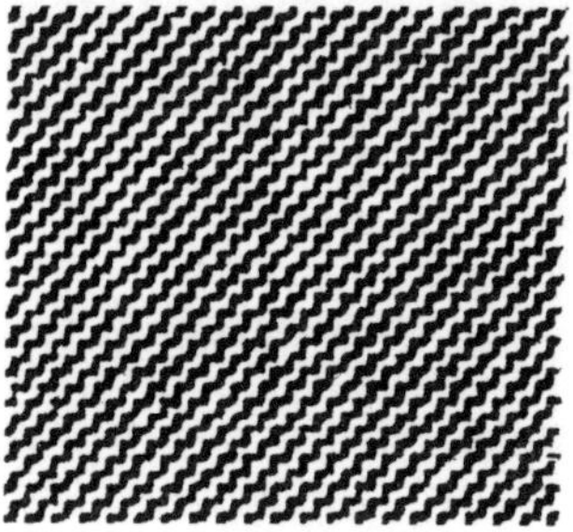

Fil-à-fil

Mausezahn

Im wahrsten Sinne des Wortes ist das Muster von der Form eines Mausezahns abgeleitet. Die Technik gleicht der des Fil-à-fil. Auch hier ist die Unruhe bezeichnend für das Gewebebild und macht es zu einem eigenständigen Dessin. Die typische

Farbvariante ist schwarz/weiß. Andere Farbstellungen sind möglich. Stilistisch ist dieses Muster grundsätzlich für Tages- und Businessanzüge geeignet.

Mausezahn

Fischgrat

Charakteristisch für das Aussehen sind die einem Fischskelett vergleichbaren auf- und absteigenden Köpergrate. Schwarz-weiße oder verschiedenfarbige Garne bilden die Farbpalette dieses Gewebebildes. Fischgratstoffe werden für sportive Anzüge im Tagesbereich getragen.

Fischgrat

Nadelstreifen

Auch unter der englischen Bezeichnung 'Pinstripe' bekannt, ist der Nadelstreifen eine der klassischen Herrenanzugmusterungen. Auf der Basis feinfädiger Kammgarnqualitäten mit mehr oder weniger klarem Oberflächenbild wird dieser wie mit der Nadel gestochene (**Kreidestreifen** = wie mit Kreide gezeichnet) feine Streifen durch die Verwendung eines kontrastierenden feinen weißen oder farblich abgesetzten Seidenfadens erzielt. Farbvariationen von hellgrau, anthrazit, mittel- und dunkelblau sind möglich.

Formenkanon

Die hundertjährige Entwicklungsgeschichte des Anzuges hat zu einem vielfältigen klassischen Formenkanon mit zeitloser Gültigkeit geführt. Grundsätzlich unterscheiden sich Knopfstellung, Schlitz, Revers und Taschen der unterschiedlichen Anzugformen.

Knopfstellung

Der Einknopf/Einreiher ist für offizielle Anzüge und Smokings bestimmt. Der Zweiknopf/Einreiher ist die bevorzugte Knopfstellung für nichtoffizielle Anzüge. Auch der Dreiknopf ist eine klassische Form des Einreihers und wird in gewissen Zyklen von der Mode propagiert.

Auch der zweireihige Anzug ist dem Modediktat permanent unterworfen. Wer sich diesem ständigen Wechselspiel von "In und Out" nicht unterwerfen will, ist gut beraten, eine klassische Knopfstellung zu wählen.

Der Sakko sollte zumindest bei der Begrüßung geschlossen getragen werden. Grundsätzlich bleibt der untere Knopf geöffnet, beim Dreiknopf kann der obere geschlossen werden. Beim Zweireiher sind die Blindknöpfe naturgemäß nicht zu schließen. Der untere Knopf des Zweireihers wird nur bei Uniformen geschlossen.

Anzüge mit zwei Knopfleisten sollten im Rücken grundsätzlich mit zwei Seitenschlitzen gearbeitet sein. Lediglich beim zweireihigen Smoking sollte ganz auf einen Schlitz verzichtet werden. Grundsätzlich ist die schlitzlose Variante den offiziellen Anzügen vorbehalten. Einreihige Geschäftsanzüge können nach Wahl mit einem Rücken- oder Seitenschlitz ausgestattet werden.

Revers (Façon)

Einreihige Anzüge haben grundsätzlich ein fallendes Revers, zweireihige hingegen ein steigendes. Offizielle einreihige Anzüge können auch mit steigendem Revers zugeschnitten werden. Beim einreihigen Smoking und Dinner-Jacket besteht die Alternative des Schalkragens. Die Reversbreite ist ein beliebtes Opfer des Modediktats. Mit einer Bandbreite von 6 cm bis 12 cm für das Revers bleiben die Anzüge allen modischen Schwankungen zum Trotz zeitlos gültig.

Taschen

Grundsätzlich sind aufgesetzte Taschen sportlicher als Pattentaschen. Aufgesetzte Taschen mit Quetschfalte bilden die sportlichste Variante. Pattentaschen sind für den geschäftlichen Anzug typisch. Sie werden mit einer Brust-Leistentasche kombiniert. Auf die Billettasche kann gegebenenfalls verzichtet werden. Die Paspeltasche bleibt hingegen den offiziellen Anzügen vorbehalten und ist für diese geradezu ein Muß.

Sport-Anzug
3 aufgesetzte Taschen, auch mit 2 aufgesetzten und Brustleistentasche möglich

1-reihig
2 Knopf, fallendes Façon, aufgesetzte Taschen mit Quetschfalte

Halboffizieller Anzug
1-reihig, steigendes Façon, Paspeltaschen

Stadt- und Geschäftsanzug
1-reihig, 2 Knopf, fallendes Façon

1-reihig
3 Knopf, fallendes Façon, Pattentaschen

2-reihig
steigendes Façon
mit oder ohne Billettasche

Fauxpas:

- Zweireiher mit Rückenschlitz
- Inoffizielle Anzüge ohne Schlitz
- Offizielle (schwarze) Anzüge mit aufgesetzten Taschen
- Inoffizielle Anzüge mit Paspeltaschen

Verarbeitung

Die internationalen Anzug-Collectionen bieten unterschiedlich hochwertige Verarbeitungsstandards an. Insbesondere der Handarbeitsanteil unterscheidet den konfektionierten Anzug vom halbmaßgeschneiderten (Maßkonfektion). Die Krönung der Schneiderkunst ist der Maßanzug. Individuell zugeschnitten garantiert er exakte Paßformgenauigkeit und großen Tragekomfort. Die Maßschneidereien Hellborn, Hannover, Nic Reuter, Düsseldorf, Oscar Lenius, Hamburg und Stollmann, Münster zählen mit den bekannten Ateliers auf der Savile Row, London zu den ersten Adressen.

Höchste Ansprüche müssen nicht nur an Oberstoffe, Futter und Einlagestoffe, sondern auch an die exzellente Verarbeitung gestellt werden. Auf folgende Details ist zu achten:

a) sorgfältiger Zuschnitt, b) fachgerechtes Formbügeln, c) erstklassige Roßhaareinlage,

d) kleine Stichfolge in allen Nähten, e) hochwertige Baumwoll- oder Viskosefutter, f) echte Büffelhornknöpfe, g) sorgfältige Endkontrolle.

Internationale Collectionen

Nur die weltbesten Ateliers und Collectionen garantieren auch in der heutigen Zeit der Massenproduktion diese hochwertigen Verarbeitungsdetails. Dazu gehören unbestritten Brioni, Chester Barrie, Oscar Lenius, Regent, SØR und Zegna.

Anzugkultur

Frack

Der Frack, um 1740 entstanden, war noch im 18. Jahrhundert ein bequemer, vorn verschließbarer Gebrauchsrock mit schräg weggeschnittenen Vorderschößen. In vielfältigen, aber gedeckten Farben bestimmt er so die Herrenmode bis zur Mitte des 19. Jahrhunderts. Als um 1850 der Cutaway aufkommt und den Frack tagsüber verdrängt, entwickelt er sich zum festlichsten aller Gesellschaftsanzüge für den Abend. Der Frack ist zweireihig, aber nicht zum Zuknöpfen gedacht; die vorn abgeschnittenen Rockschöße laufen hinten in einem Schwalbenschwanz aus. Übrigens darf man sich nicht auf den ‘Frackschwanz’ setzen, sondern hängt ihn vorsichtig seitlich oder rückwärts über die Stuhlkante.

Zum Frack gehören die tief ausgeschnittene Weste aus steifem Piqué, die nur ein Stückchen unter der Jacke hervorschaut, und ein gestärktes Hemd mit steifer Vorderfront und Zierknöpfen.

Die weiße Schleife zum Stehkragen identifiziert den Träger als Gast – im Gegensatz zur schwarzen Schleife der dienenden 'Frackträger', wie z. B. der Kellner.

Der Frack entspricht gesellschaftlich dem großen Abendkleid der Dame und wird international als "white tie" bezeichnet. Er sollte erst nach 15.00 Uhr und möglichst nicht vor Dunkelheit getragen werden.

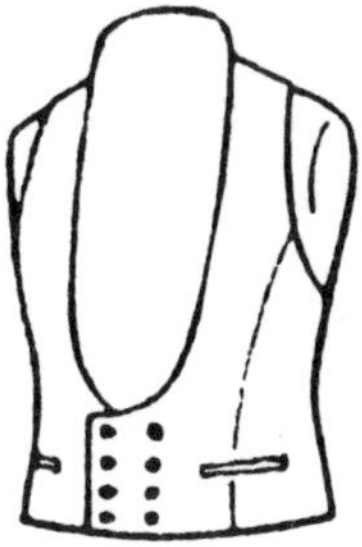

Anlaß: Hochoffizielle Abendveranstaltungen, Gabälle, Staatsempfänge, Veranstaltungen von hohem Rang.

Form

Steigende, seidenbesetzte Revers, an den Hüften angesetzter Schoß, der bis zur Kniekehle reicht. Rücken mit typischen Frackabnähern, bis in die Taille reichender Mittelschlitz, Hose mit doppeltem Seidengalon, ohne Umschlag.

Material

Mohair oder feines, leichtes Tuch. Revers aus reiner Seide.

Farbe

Schwarz oder mitternachtsblau.

Accessoires

Frackhemd: Steife Hemdbrust mit Waffel Piqué, Klappenkragen, einfache, steife Manschetten mit Knopflöchern, Frackhemd wird mit einer Lasche an der Hose befestigt.

Material: Reine Baumwolle, weiß.

Hemdknöpfe: Perlen, Perlmutt oder Goldknöpfe.

Manschettenknöpfe: Edelmetall.

Schleife: Weiß, Piqué.

Weste: Tief ausgeschnitten, stets sichtbar, weiß, Piqué, schmaler Schalkragen, Rücken aus Futterseide.

Socken: Schwarzer Kniestrumpf aus Seide oder feiner Wolle.

Schuhe: Schlichter Lackschuh, schwarz.

Hut: Zylinder.

Smoking

Der Smoking entsteht Ende des vorigen Jahrhunderts in den Rauchsalons der englischen Herren.

Sie tragen diese bequeme, warm gefütterte Hausjacke, wenn sie sich zum Rauchen (= to smoke) in die Herrensalons zurückziehen. Ursprünglich wird der Smoking also nie in Damengesellschaft übergezogen, wäre doch der Qualmgeruch unzumutbar!

In den USA wird der Smoking nach seinem Debüt 1889 in einem exklusiven Country Club in Tuxedo Park, New York, 'tuxedo' genannt. Dort erregt Criswold Corillard, ein bekannter Dandy, damit großes Aufsehen inmitten der 'vorschriftsmäßigen' Frackanzüge. Der Smoking wird bald darauf als festliches Dinner- und Abendjackett akzeptiert.

Edward VII. (1841–1910) tut ein übriges, den Smoking als 'akzeptable' Gesellschaftskleidung zu verbreiten. Er ist es auch, der zum Smoking das offene Hemd mit verdeckter Knopfleiste, doppelten französischen Manschetten und plissierter Hemdbrust gesellschaftsfähig macht. Zum Smoking gehören die schwarze Schleife und Weste. Statt einer Weste trägt man auch eine feine Satinschärpe in Farbe und Material der Schleife, den 'Cummerbund'. Der englische Name stammt von dem hinduistischen 'Kamarband' ab, eine Schärpenmode, die englische Soldaten populär machten.

Der Smoking entspricht gesellschaftlich dem kleinen Abendkleid und wird auf Einladungen mit "black tie" vermerkt.

Anlaß: Offizielle Abendgesellschaft, Ball, Theater oder kleinere offizielle Veranstaltungen.

Form

Sakko, ein- oder zweireihig, ohne Schlitz, mit steigenden Revers und Seidenbesatz (Spiegel) oder Schalkragen, Paspeltaschen. Hose mit Seidengalon, ohne Umschlag.

Material

Leichter Mohair, feines Tuch.

Farben

Schwarz, mitternachtsblau.

Accessoires

Smokinghemd: Mit Umlege- oder Klappenkragen, Biesen, Vorderteil mit Falten oder verdeckter Knopfleiste, Doppelmanschette. Material: Baumwolle, Batist oder reine Seide. Farben: Weiß, hellbleu, natur (écru).

Manschettenknöpfe: Edelmetall.

Schleife (handgebunden): Reine Seide, Satin, schwarz, mitternachtsblau, weinrot, silbergrau, auch Ton in Ton gemustert.

Weste: Tief ausgeschnitten, Material und Farbe des Smoking; alternativ der Cummerbund aus Farbe und Material der Schleife.

Einstecktuch: Farblich zum Hemd passend, Baumwolle oder Seide, handgerollt.

Socken: Schwarzer oder mitternachtsblauer Kniestrumpf aus Seide oder feiner Wolle.

Schuhe: Schlicht schwarz.

Hut: Melone, Chapeau claque, Camber, Homburg.

Dinner-Jackett

Der Begriff 'Dinner-Jackett' ist eigentlich irreführend, bezeichnet er doch ein offizielles weißes Abendjackett, das nicht nur zum Dinner getragen wird; 'Dinner-Jackett oder nicht' ist nur eine Frage der Örtlichkeit. Die Regel ist ganz einfach: In geschlossenen Räumen trägt man Smoking, unter freiem Himmel, z. B. auf Gartenfesten oder auf Seereisen, das weiße Dinner-Jackett.

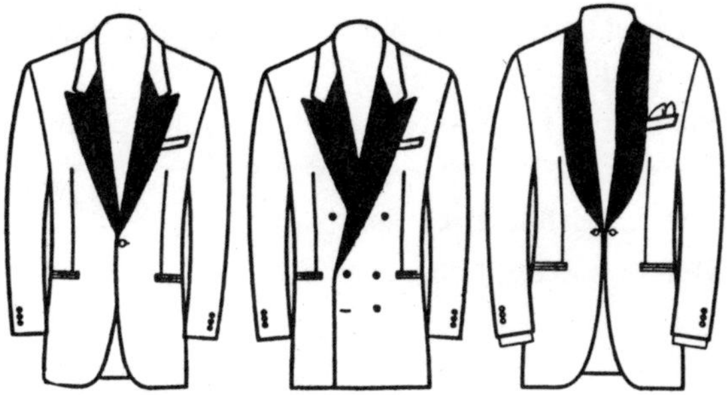

Anlaß: Sommerfest, Gartenparty, Schiffsreise.

Form

Ein- oder zweireihig, steigende Revers, auch mit Seide besetzt oder Schalfaçon, ohne Schlitz, Paspeltaschen.

Material

Leichte Wollstoffe, Tropical, Fresco oder reine Seide.

Farben

Weiß oder écru.

Hose

Smokinghose, schwarz oder mitternachtsblau.

Accessoires

Hemd: Smokinghemd, weiß, hellbleu, écru, Baumwolle oder reine Seide.

Manschettenknöpfe: Edelmetall.

Schleife: Smokingschleife.

Weste: Tief ausgeschnitten, Material und Farbe des Dinner-Jacketts; alternativ der Cummerbund aus Farbe und Material der Schleife.

Einstecktuch: Baumwolle oder reine Seide, handgerollt.

Socken: Kniestrümpfe, leichte Wolle, Baumwolle, reine Seide, Farbe wie Hose.

Schuhe: Schlicht schwarz.

Hut: Homburg, Eden, Strohhut.

Cutaway (Cut)

Der Cutaway ist der 'Frack des Tages'. Er ist das festliche Äquivalent des Fracks für hochoffizielle Veranstaltungen bis 18.00 Uhr, die vor 15.00 Uhr begonnen haben.

Mitte des 19. Jahrhunderts hat man in England die vorderen Rockschöße des Gehrocks abgeschnitten, damit sie sich beim Reiten nicht zwischen den Beinen verfingen – der Cutaway war entstanden. Die Schöße des Cutaways setzen nicht wie beim Frack seitlich der Hüfte an, sondern sind vom Schließknopf an bogenförmig nach rückwärts geschnitten.

Früher war der Cutaway stets schwarz, mit einer gestreiften Hose, heute ist auch grau erlaubt. Zum Cutaway gehört immer die umschlaglose Stresemann-Hose, graue Weste, ein ungestärktes Hemd mit Kläppchenkragen und ein graues Plastron oder ein silbergrauer Binder.

Der Cutaway wird auch heute noch zu diplomatischen Empfängen oder bei hochoffiziellen Hochzeiten und Bundestagsempfängen getragen. Zu hochoffiziellen Trauerfeiern wählt man einen schwarzen Cut.

Zum Cutaway gehören Zylinder und Handschuhe, die auch in der Hand getragen werden können.

Anlaß: Hochoffizieller Gesellschaftsanzug für den Tag, offizielle Empfänge, Trauungen,

Begräbnisse, offizielle Anlässe in der Diplomatie und Politik.

Form

Steigende Revers, Schließknopf über der Taillennaht. Zum Schoßteil durchgehende, geschwungene Vorderkante. Rücken mit Teilungsnähten in der Taille, Schöße reichen bis zur Kniekehle, in die Taille reichender Mittelschlitz.

Hose

Schwarz-grau gestreifte Stresemann-Hose, ohne Umschlag; der Rennbahncut wird aus einem zumeist grauen Stoff gefertigt.

Material

Schwarzes oder marengofarbenes Tuch.

Farben

Schwarz oder marengo.

Accessoires

Hemd: Weiß, Baumwolle, Doppelmanschette, mit Umlegekragen oder Klappenkragen.

Manschettenknöpfe: Edelmetall.

Weste: Ein- oder zweireihig, perlgrau oder beige; bei Begräbnissen aus dem dunklen Stoff des Rockes.

Krawatte: Zum Umlegekragen silbergrau oder grau / schwarz / weiß gemustert aus reiner Seide.

Plastron: Zum Klappenkragen, Plastron (reine Seide) in dezentem grauen Muster mit Nadel (Perle oder Edelstein).

Socken: Kniestrumpf schwarz, dünne Wolle oder Seide.

Schuhe: schlicht schwarz.

Hut: Zylinder (schwarz oder grau).

Handschuhe: Grau, schwarz oder beige, entsprechend der Farbe der Weste.

Stresemann (Bonner Anzug)

Für festliche Anlässe während des Tages ist der 'Stresemann' (Bonner Anzug) die richtige Wahl. In den zwanziger Jahren entstanden, erhielt er seinen Namen durch den deutschen Reichskanzler und Außenminister Gustav Stresemann (1878–1929), der diese 'neue' Variante der Festkleidung beim damaligen Herrenausstatter Vollmer, heute SØR Wiesbaden, in Auftrag gegeben hat. Der Stresemann – weniger formell als der Cutaway – ist der kleine Gesellschaftsanzug für den Tag. Heute erlebt er eine Renaissance als klassisch-elegantes Kleidungsstück für den Bräutigam. Dabei wird zum schwarzen oder maringofarbenen Sakko eine umschlaglose Hose getragen. Die typische Stresemann-Hose aus Streich- und Kammgarnen ist mit schwarz-weiß-grauen Streifen markant gemustert.

Anlaß: Kleiner Gesellschaftsanzug für den Tag (nicht so offiziell wie der Cut). Empfänge, Konferenzen, Trauungen, Begräbnisse, Taufe, Konfirmation, offizielle Anlässe in der Politik und Diplomatie.

Form

Einreihiger Sakko ohne Schlitz, Paspeltaschen.

Material

Reinwollenes Tuch.

Farben

Schwarz oder marengo.

Hose

Schwarz-grau gestreift.

Accessoires

Hemd: Weißes, klassisches Oberhemd mit Umlegekragen und Doppelmanschette.

Manschettenknöpfe: Edelmetall.

Krawatte: Dezente Musterung, schwarz-weiß-grau.

Weste: Hellgrau (Begräbnis: schwarz).

Einstecktuch: Reine Baumwolle, weiß.

Socken: Kniestrümpfe schwarz, aus Wolle.

Schuhe: Schwarz, schlichte, glatte Form.

Hut: Zylinder, Bowler, Homburg.

Offizieller Anzug

Anlaß: Kleinere Festlichkeiten und Empfänge (Tag und Abend).

Form

Sakko einreihig mit steigendem oder fallendem Revers. Sakko zweireihig, grundsätzlich mit steigendem Revers, ohne Schlitz, mit Pattentaschen, Hose ohne Umschlag.

Material

Mohair, feines Tuch, Fresco.

Farbe

Schwarz.

Accessoires

Hemd: Weiß mit Umlegekragen, schlichter Hemdbrust, mit Doppelmanschetten.

Manschettenknöpfe: Edelmetall.

Krawatte: Grau, silbergrau, uni oder fein gemustert in schwarz, grau, weiß. Reine Seide, Crêpe de Chine, feiner Rips.

Weste: Schwarz aus dem Material des Anzuges oder silbergrau aus feinem Tuch.

Einstecktuch: Reine Baumwolle, weiß.

Socken: Schwarzer Kniestrumpf aus reiner Seide oder feiner Wolle.

Schuhe: Schlicht schwarz.

Halboffizieller Anzug

Anlaß: Empfänge, Geschäftseröffnungen, Vernissagen, Konferenzen.

Form

Einreihig mit Weste oder zweireihig mit steigendem Revers. Hose ohne Umschlag.

Material

Mohair, Flanell, feine Wolltuche.

Farben

Dunkelblau, dunkelgrau, auch Ton in Ton gemustert.

Accessoires

Hemd: Batist, Baumwoll-Popeline, weiß. Mit Kentkragen, Doppelmanschette.

Manschettenknöpfe: Edelmetall.

Krawatte: Schwarz- oder blaugrundig, dezent gemustert, reine Seide, Crêpe de Chine, feiner Rips.

Weste: Material und Farbe des Anzuges.

Einstecktuch: Reine Baumwolle, Leinen oder reine Seide, handgerollt, weiß.

Socken: Schwarz oder blau zum Anzug abgestimmt. Leichte Wolle oder Baumwolle.

Schuhe: Schlicht schwarz.

Stadt- und Geschäftsanzug

Anlaß: Tagesanzug für Beruf, Konferenzen, Gericht, Restaurantbesuche.

Form

Einreihig mit oder ohne Weste oder zweireihig. Hose mit oder ohne Umschlag.

Material

Feine Tuche, Flanell, feine Kammgarne oder Streichgarnqualitäten.

Farben

Grau, blau, braun, auch Mischtöne. Zurückhaltende Musterungen, Streifen, Börsenmuster, feine Glenchecks.

Accessoires

Hemd: Weiß, hellblau oder hellbeige, Baumwoll-Popeline, Batist, Fil-à-fil, Millrayé, feine Hemdenstreifen, Kentkragen oder Tabkragen. Doppelmanschette.

Manschettenknöpfe: Edelmetall.

Krawatte: Elegante Musterung und Streifen auf Anzugfarbe und Dessinierung abgestimmt. Material: Crêpe de Chine, Gumtwill, feine Seidenrips.

Weste: Material und Farbe des Anzuges.

Einstecktuch: Reine Baumwolle, Leinen, Seide, auf Hemd oder Krawatte abgestimmt.

Socken: Feine Wolle oder Baumwolle, einfarbig, auf den Anzug abgestimmt.

Schuhe: Budapester, Mokassin.

Sportanzug

Anlaß: Ursprünglich für Sport, Freizeit und Reise, heute inoffizieller Tagesanzug.

Form

Einreihig mit oder ohne Weste. Varianten: aufgesetzte Taschen. Lederknopflöcher oder Lederflecken am Ärmel. Rücken- oder Seidenschlitze. Hose mit Umschlag.

Material

Cheviot, Donegal, Tweed, sportliche Kamm- oder Steichgarngewebe.

Farben

Braun, grün, beige, auch blau-grau. Fischgrat, Karos, sportliche Muster.

Accessoires

Hemd: Kent-, Button-down-, Tabkragen mit Sportmanschette, Baumwoll-Popeline, Oxford, Fil-à-fil, Millrayé, Tattersall. In den Farben: beige, schilf, hellbleu.

Krawatte: Reinseidener Rips, Irish Popeline, Gumtwill oder Wolle. Farblich abgestimmt in Streifen oder Mustern, Paisley, Madder-Handdruck.

Einstecktuch: In Material und Dessin auf Krawatte oder Hemd abgestimmt.

Weste: Lammvelours.

Pullunder: V-Ausschnitt, Lambswool oder Cashmere.

Socken: Wolle, uni oder Rauten.

Schuhe: Budapester, Mokassin, Velourlederschuh.

Sakkos

Blazer

Anlaß: Im Ursprung nur Clubjacke (mit Clubemblem). Die Möglichkeiten, einen Blazer zu tragen und gut gekleidet zu sein, sind heute sehr breit gefächert. Als Bekleidung für Stadt, Geschäft, Büro, kleine Konferenzen, Reise, Restaurantbesuche und natürlich für den Clubbesuch ist der Blazer ein universelles Bekleidungsstück.

Form

Ein- oder zweireihig, aufgesetzte Taschen mit Metallknöpfen. Als Zweireiher immer mit Seitenschlitzen.

Material

Tuch, Flanell, feine Kammgarne oder Streichgarngewebe.

Farben

Marine, aber auch schwarz, bordeaux, camel und dunkelgrün.

Hose

Typisch zum Blazer ist die dunkelgraue Flanellhose mit Umschlag.

Accessoires

Hemd: Umlegekragen, Tabkragen, Button-down, Needle-Kragen, Doppel- oder Sportmanschette, Baumwoll-Popeline, Batist, Millrayé, Oxford, Fil-à-fil, weiß, bleu, ochsenblut, blauweiß gestreift.

Manschettenknöpfe: Metall.

Krawatte: Seidenrips, Mogador, Irish-Popeline, klassische Clubstreifen, Regimentals, Blazermotive, Wappen (Heraldics).

Pullunder: V-Ausschnitt, Lambswool oder Cashmere.

Socken: Wolle oder Baumwolle. Uni oder Rauten.

Schuhe: Schwarz, Budapester oder Mokassin.

Sportsakkos

Anlaß: Ursprünglich für die Freizeit auf dem Lande, heute auch für inoffizielle Businessanlässe.

Form

Einreihig mit fallenden Revers. Seiten- oder Mittelschlitz. Varianten: aufgesetzte Taschen, Billettasche, Lederapplikationen, Norfolk-Rücken.

Material

Sportliche Stoffe aller Gewichtsklassen, Cheviot, Shetland, Donegal, Tweed, aber auch weiche Qualitäten, wie Lambswool und Cashmere.

Farben

Braun, grün, beige oder auch blau/grau oder schwarz/grau.

Die Dessinierungen ergeben sich durch das verwendete Material von uni, Melange, Fischgrat und Karos, wie Oxford und Tartans.

Hose

Einfarbig oder leicht meliert, mit Umschlag. Strapazierfähige Qualitäten, wie z. B. Cavalry-Twill, Gabardine und andere Kammgarnqualitäten, lassen sich farblich gut abstimmen. Eine graue Flanellhose paßt zu jedem Sportsakko.

Accessoires

Hemd: Qualitäten: Oxford, Twill, Fil-à-fil, Popeline. Formen: Kentkragen, Button-down, Tabkragen mit Brusttasche und Sportmanschette. Farblich auf den Stoff des Sakkos abgestimmt. Uni, beige, schilf, bleu oder in sich gemustert. Aber auch feine Hemdenkaros, Tattersallkaros.

Krawatte: Reinseidener Rips, Gumtwill, Irish-Popeline, Mogador, Cashmere, Wolle, farblich zum Sakko und Hemd abgestimmt.

Socken: Wolle oder Baumwolle. Uni aber auch Rautenmuster.

Schuhe: Budapester, Mokassin, britischer Wildlederschuh.

Pullunder: V-Ausschnitt, Lambswool oder Cashmere.

Form	*Knöpfe*	*Revers*	*Taschen*
Frack	*2-reihig* *ungeschlossen*	*Satinbesatz* *steigende* *Revers*	*nur* *Brust-Leisten-* *tasche*
Smoking	*1-reihig* *2-reihig*	*steigend oder* *Schal* *steigend*	*Paspeltaschen* *Brust-Leisten-* *tasche*
Dinner-Jackett	*1-reihig* *2-reihig*	*steigend oder* *Schal* *steigend*	*Paspeltaschen* *Brust-Leisten-* *tasche*
Cutaway *(Cut)*	*1-reihig*	*steigend* *1 Schließ-* *knopf*	*nur* *Brust-Leisten-* *tasche*
Stresemann	*1-reihig*	*steigend*	*Pattentaschen* *Brust-Leisten-* *tasche*
Halboffizieller *Anzug*	*1-reihig* *2-reihig*	*fallend* *oder steigend* *steigend*	*Patten* *oder Paspel* *Brust-Leisten-* *tasche*
Stadt-/ *Geschäfts-* *anzug*	*1-reihig* *2-reihig*	*fallend* *oder steigend* *steigend*	*Patten* *Brust-Leisten-* *tasche*
Sportanzug	*1-reihig*	*fallend*	*aufgesetzte* *Tasche,* *Norfolk* *Tasche* *oder Patten* *taschen mit* *Brust-Leisten-* *tasche*

Schlitze	*Farbe*	*Dessin*	*Material*	*Hose*
Schöße mit Mittelschlitz	*schwarz mitternachtsblau*	*uni*	*Mohair/ Wolle*	*ohne Umschlag mit doppeltem Seidengalon*
ohne	*schwarz mitternachtsblau*	*uni*	*Mohair/ Wolle/ Seide*	*ohne Umschlag mit einfachem Galon*
ohne	*weiß écru*	*uni*	*Mohair/ Wolle/ Seide*	*ohne Umschlag mit einfachem Galon*
knielange Schöße	*anthrazit schwarz*	*marengo uni*	*Wolle*	*ohne Umschlag Stresemannstreifen*
ohne	*anthrazit schwarz*	*marengo uni*	*Wolle*	*ohne Umschlag Stresemannstreifen*
Rückenschlitz oder ohne Seitenschlitze	*dunkelgrau dunkelblau schwarz*	*uni Streifen Fil-à-fil*	*Wolle/ Mohair/ Flanell/ Tropical*	*ohne oder mit Umschlag*
Rückenschlitz oder Seitenschlitze	*grau blau braun*	*Glencheck Streifen Hahnentritt Fil-à-fil Pepita Fischgrat*	*Wolle/ Lambswool/ Baumwolle/ Leinen/ Flanell/ Tropical/ Gabardine/ Cashmere/ Cheviot*	*mit Umschlag*
Seitenschlitze oder Rückenschlitz	*braun oliv beige*	*Glencheck Hahnentritt Pepita Mausezahn Fischgrat*	*Wolle/ Cashmere/ Baumwolle/ Leinen/ Shetland/ Cheviot Tweed Lambswool*	*mit Umschlag*

Stiltabelle	*Anzug*
Halboffizieller Anlaß (Vernissagen, Geschäftseröffnungen)	*dunkel, zweireihig oder einreihig mit Weste, Pattentaschen, umschlaglose Hose*
Offizieller Anlaß (Kleinere Festlichkeiten, Empfänge bei Tag und am Abend)	*schwarz, zweireihig oder einreihig mit Weste, Pattentaschen, umschlaglose Hose*
Festlicher Anlaß am Tag (Trauungen, Begräbnisse, Empfänge)	*Stresemann (Bonner Anzug), schwarz oder marengo, einreihig mit Weste, Pattentaschen, umschlaglose Stresemann-Hose*
Festlicher Anlaß am Abend im Haus (Ballett, Theater, Dinner)	*Smoking, schwarz, mitternachtsblau, ein- oder zweireihig mit Schalkragen oder Spitzfaçon, umschlaglose Hose mit Seidengalon*
Festlicher Anlaß am Abend unter freiem Himmel (Sommerfest, Schiffsreise)	*Dinner-Jackett, weiß oder écru, ein- oder zweireihig, steigende Revers oder Schalkragen, Paspeltaschen, Smokinghose*
Hochoffizieller Anlaß am Tag (Trauungen, Begräbnisse, Empfänge)	*Cutaway, schwarz oder marengo, steigende Revers, ein Schließknopf, knielange Schöße, umschlaglose graue oder gestreifte Hose, graue Weste*
Hochoffizieller Anlaß am Abend (Galadinner, Staatsempfänge)	*Frack, steigende, satinbesetzte Revers, Schöße mit Mittelschlitz, Hose mit doppeltem Seidengalon ohne Umschlag*

Hemd	*Krawatte*
weiß, Doppelmanschette Umlegekragen	*dunkler Grund, dezente Musterung, Seidenrips, Crêpe de Chine*
weiß, Doppelmanschette Umlegekragen	*silbergrau, uni oder fein gemustert, schwarz bei Trauer*
weiß, Doppelmanschette Umlegekragen	*silbergrau, dezente Musterung, schwarz-weiß-grau, schwarz bei Trauer*
weiß, hellblau, écru, Doppelmanschette, Kläppchen- oder Umlegekragen, Brustbiesen und verdeckte Knopfleiste	*handgebundene Schleife, schwarz, blau oder farbig gemustert, Seide*
Smokinghemd weiß, hellblau oder écru	*schwarze Smokingschleife, Seide*
weiß mit Umlegekragen und Doppelmanschette oder einfacher Manschette	*silbergrau oder grau-schwarz-weiß, zum Kläppchenkragen Plastron*
Frackhemd mit Falten- oder Piquébrust, Kläppchenkragen, Manschetten mit Knopflöchern	*weiße Piqué-Schleife*

Stiltabelle	*Accessoires*
Halboffizieller Anlaß (Vernissagen, Geschäftseröffnungen)	*weißes Einstecktuch, schwarz-blaue Kniestrümpfe, schlichte schwarze Schuhe*
Offizieller Anlaß (Kleinere Festlichkeiten, Empfänge bei Tag und am Abend)	*weißes Einstecktuch, schwarze Kniestrümpfe, schlichte schwarze Schuhe*
Festlicher Anlaß am Tag (Trauungen, Begräbnisse, Empfänge)	*weißes Einstecktuch, schwarze Kniestrümpfe, schlichte schwarze Schuhe*
Festlicher Anlaß am Abend im Haus (Ballett, Theater, Dinner)	*farblich dem Hemd entsprechendes Einstecktuch, Weste oder Cummerbund, schwarzer oder blauer Seiden-Kniestrumpf, schlichte schwarze Schuhe oder Lackschuhe*
Festlicher Anlaß am Abend unter freiem Himmel (Sommerfest, Schiffsreise)	*Einstecktuch, Baumwolle oder Seide, Seiden-Kniestrümpfe in Hosenfarbe, schlichte schwarze Schuhe oder Lackschuhe*
Hochoffizieller Anlaß am Tag (Trauungen, Begräbnisse, Empfänge)	*dünne schwarze Seiden-Kniestrümpfe, schlichte schwarze Schuhe, Zylinder und graue Handschuhe*
Hochoffizieller Anlaß am Abend (Galadinner, Staatsempfänge)	*weiße Piqué-Weste, schwarze Seidenstrümpfe, schlichter schwarzer Lackschuh*

Hose

Historie

Hosen oder 'Beinkleider' sind bereits seit der Bronzezeit bekannt. Von Kelten und Normannen werden uns kniekurze Hosen mit separaten Beinwickeln überliefert. Perser, Chinesen und Mongolen tragen die wadenlange Hose als Zeichen des Kriegers.

Ganz anders bei den Griechen der Antike: dort gilt die Hose als barbarisch.

Im Europa des 15. Jahrhunderts trägt der Herr Beinlinge: oberschenkellange Hosen und Strümpfe, die mit einem Strumpfband am Knie festgehalten werden.

Im 15. und 16. Jahrhundert sind die Hosenformen besonders phantastisch. In der höfischen Kleidung ist die voluminöse 'spanische' Pumphose beliebt; oberschenkellang, aus wertvollem Stoff und dick gepolstert. Im 17. Jahrhundert wird die Mode wieder schlichter: Erkennungszeichen der Revolutionäre ist die 'Pantalon', eine 'bäurische', knöchellange, gerade geschnittene Hose. Seit dieser Zeit heißen die Freiheitskämpfer auch Sansculotten (ohne Kniehosen).

Aus der Pantalon entsteht um 1820 in Deutschland die lange Herrenhose. Sie durchläuft mehrere Modewechsel: mal länger, mal kürzer, enganliegend oder mit weiten, trompetenartigen Hosenbeinen.

Um 1900 ganz neu: die Bügelfalte. Als der Prinz von Wales 1886 bei einem Derby erscheint, gibt es eine kleine Modesensation – trägt er doch zu seinem seidenen Gehrock eine graue Hose, in die bis zum Spann des Lackstiefels eine lange Falte hineingebügelt ist!

Formen

Generell unterscheidet man zwei wichtige Hosenformen: mit oder ohne *Bundfalten.* Aufgrund ihres bequemen, weiten Schnitts hat sich in der klassischen Herrenkleidung heute die Bundfaltenhose durchgesetzt.

Für die Weite der *Hosenbeine* empfiehlt sich eine zeitlos gültige Variante von rund 3/4 der Schuhlänge.

Ein weiteres Hosen-Detail sind die *Taschen.* Anzughosen haben üblicherweise zwei, Einzelhosen eine Gesäßtasche. Eine zusätzliche Uhrtasche ist bei formellen Hosen ein Muß – bei Business-Hosen empfehlenswert.

Als Erfinder des *Hosenaufschlags* gilt der spätere König Edward VII., der beim Betreten eines vom Regen durchweichten Golfplatzes seine Hosenbeine hochkrempelt. Seit dieser Zeit impliziert der Hosenaufschlag eine sportlichere Note:

Offizielle Hosen mit Aufschlag sind deshalb ein echter Fauxpas. Die Hose mit Umschlag gehört grundsätzlich zu Kombinationen (Pullover, Sportsakko, Blazer), Sportanzügen, aber auch zu Zweireihern. Der Hosenaufschlag ist rund 3–4 cm breit; nicht allzu groß gewachsene Herren sollten eine schmalere Variante wählen oder ganz auf den Umschlag verzichten.

Die *Hosenlänge* ist richtig gewählt, wenn das Hosenbein mit einem leichten Knick auf dem Schuhspann aufliegt. Bei aufschlaglosen Hosen fällt die Linie zur Ferse hin schräg nach unten ab; hinten sollte die Hose einige Millimeter länger sein. Hosen mit Aufschlag dürfen etwas kürzer sein.

Fauxpas:

- Offizielle Hosen mit Aufschlag
- Aufschlaglose Hosen zum Zweireiher oder zu einreihigen Kombinationen

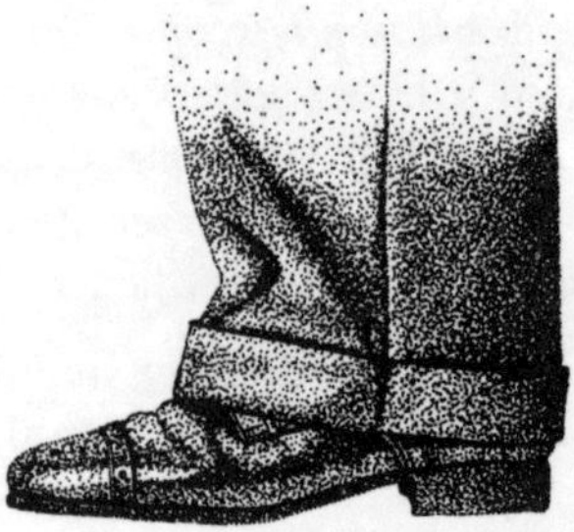

Material

Wolle

Reine Schurwolle ist ein natürliches, edles Grundmaterial für tragefreundliche Hosen.

- ‘Cool Wool’ ist das Warenzeichen für Leichtgewichtstoffe aus reiner Schurwolle.
- ‘Super 100’ ist eine besonders feine Wollqualität für den Sommer. Hosen aus ‘Super 100’ haben angenehm kühlende Trageeigenschaften. Bemerkenswert ist die Knitterunempfindlichkeit.
- ‘High Performance’ ist der Markenname für eine besonders hochgezwirnte, feine Wollware. ‘High Performance’ ist besonders strapazierfähig, knitterunempfindlich und kühl.
- Tweed ist ein typisch melangefarbiges Material mit kräftigen Noppen oder Stichelhaaren als Effekt. Echter Harris Tweed wird nach der gleichnamigen schottischen Insel benannt.
- Mohair ist das lange, feine und stark glänzende Edelhaar der Angoraziege, das als Beimischung verwendet wird. Wichtige Merkmale des Mohairs sind Glanz, eleganter Fall und körniger Griff.
- Flanell ist ein klassischer Stoff für Herrenhosen. Der weiche, schmiegsame Griff entsteht durch das Walken feiner Merinowolle.

Baumwolle

Baumwolle ist hautsympathisch, fein, luftdurchlässig und wird für sommerliche, sportive Hosen verarbeitet.

- Cord ist ein stark geripptes Baumwollgewebe in unterschiedlichen Farben. Je nach Rippenbreite unterscheidet man zwischen Fein- oder Breitcord.
- Jeansstoff wird auch als Denim bezeichnet. Aus diesem besonders strapazierfähigen Baumwollstoff schneiderte der gebürtige Bayer Levi Strauss Ende des 19. Jahrhunderts in den USA zum erstenmal Arbeitshosen mit Gürtelschlaufen und äußerer Doppelkappnaht. Heute ist die Jeans eine lässige Freizeithose.

Leinen

Typisch für Leinen ist die effektvolle Gewebestruktur mit den charakteristischen Garnverdickungen. Leinen ist ein sommerliches, kühlendes Material, das fein knittert.

Farben und Dessins

Uni

Die klassische graue Flanellhose ist die perfekte Ergänzung zum Club-Blazer. Ein weiterer 'Klassiker' ist die unifarbige Baumwollhose als Begleiter des Sportsakkos.

Kariert

Eine karierte Hose setzt einen deutlichen sportiven Akzent. Mit dunklem dezenten Karo, z. B. Black Watch, paßt sie zum sportlichen Blazer, als farbenfrohe Golfhose wird sie zum Pullover oder dem sportlichen Blouson getragen.

Accessoires

Gürtel

Gürtel, die nur dazu dienen, eine Hose zu halten, sind eine Erfindung dieses Jahrhunderts. Sie gelten als praktisch und sportlich und sind strenggenommen aus genau diesem Grund bei offizieller Kleidung verpönt.

Der Freizeit-Gürtel darf farbige Akzente setzen – auch sportliche Gürtelschließen sind beliebt. Zum Businessanzug wählt man einen klassisch-schlichten Gürtel, immer dunkler als der Anzug und maximal 3 cm breit.

Wer am Abend den Gürtel einem Hosenträger vorzieht, sollte ein elegantes schwarzes Exemplar aus feinstem Leder mit klassischer Silberschließe wählen.

Grundsätzlich gilt: Der Farbton des Gürtels und der Schuhe sollte ähnlich, aber nicht genau gleich sein (Ausnahme schwarz). Ein Wildledergürtel verlangt einen Wildlederschuh. Das Gürtelende sollte mindestens 5 cm über die Gürtelschließe hinausreichen.

Hosenträger

Während noch vor Jahren der Hosenträger fast ausschließlich bei der Gesellschaftskleidung anzutreffen war, entdeckt ihn heute der Gentleman als bequemes, zeitgemäßes Accessoire.

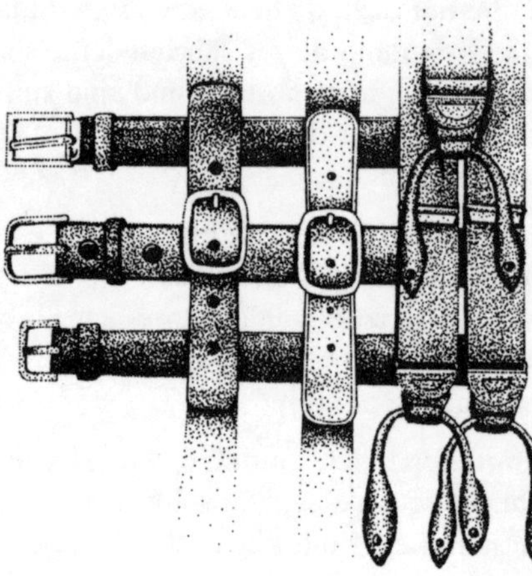

Wer ständig Hosenträger trägt, setzt spezielle Knöpfe an die Innenseite des Hosenbundes. Es gibt auch Exemplare mit Metallklammern. Die Auswahl der Dessins ist vielfältig: klassische Streifen, figürlich oder floral.

Der größte Fauxpas, den man begehen kann, ist, Hosenträger und Gürtel gleichzeitig zu tragen. Wer ständig Hosenträger wählt, sollte daher Hosen mit Tunnelbund bevorzugen.

Fauxpas:

Hosenträger und Gürtel gleichzeitig tragen

Anlaß		*Form*
Offizielle Anlässe	*Frackhose*	*ohne Umschlag, doppelter Seidengalon, Uhrentasche, Tunnelbund*
	Stresemann-Hose (Cutaway)	*ohne Umschlag, Tunnelbund*
	Smokinghose	*ohne Umschlag, einfacher Seidengalon, Tunnelbund*
Berufliche Anlässe	*Hose zum zweireihigen Anzug*	*Umschlag obligatorisch*
	Hose zum einreihigen Anzug	*wahlweise mit oder ohne Umschlag*
	Blazerhose	*Umschlag obligatorisch, Bundfalten*
	Hose zum Sportsakko	*Umschlag obligatorisch, Bundfalten*
Freizeit-Anlässe	*Freizeithose*	*Umschlag obligatorisch, Bundfalten*

Farbe	*Material*	*Accessoires*
schwarz	*Mohair, Schurwolle*	*Hosenträger, Taschenuhr*
schwarz-weiß-graue Stresemannstreifen	*Schurwolle*	*Hosenträger*
schwarz, mitternachtsblau	*Mohair, Schurwolle*	*Hosenträger*
in Anzugfarbe	*Schurwolle,Leinen, Seide, Baumwolle, High Performance*	*Gürtel, Hosenträger*
in Anzugfarbe	*Schurwolle,Leinen, Seide, Baumwolle, High Performance*	*Gürtel, Hosenträger*
grau, uni oder dezent kariert	*Flanell, Super 100*	*Gürtel, Hosenträger*
uni, kariert	*Cool Wool, Flanell, Super 100, Baumwolle, Cord*	*Gürtel, Hosenträger*
uni, kariert, gemustert	*Wolle, Baumwolle, Cord, Leinen, Jeans*	*Gürtel, Hosenträger*

Mantel

Historie

Der Mantel ist ein wärmendes Obergewand, das den Menschen und die übrige Kleidung vor den Unbilden des Wetters schützt. Mäntel oder mantelähnliche Formen kennt man in jeder Epoche: von der römischen Toga bis zur mittelalterlichen 'Glocke'.

Mäntel – vom mittellateinischen Wort 'mantellum' – sind im Altertum und Mittelalter ärmellose, rechteckige oder kreisförmige Umhänge mit Vorderverschluß. Später wird mit dem Wort Mantel ein Übergewand mit Ärmeln und Knopfverschluß bezeichnet.

Zu den frühesten uns vom Stil bekannten Obergewändern gehört die römische Toga, Standeszeichen des freien Bürgers. Die Toga ist ein bis zu 3,5 m breites und 5 m langes Stück Stoff, das man in kunstvollen Falten um den Körper drapiert und mit kleinen Spangen und Gewichten strafft.

Die einfachste Form des Männermantels im Mittelalter ist die 'Glocke'. Dieser runde Umhang mit Kopfloch ist eine Form, die sich bis zum heutigen Tag erhalten hat.

Modetrends beeinflussen die Mantelform bereits in vergangenen Jahrhunderten: Im Biedermeier ist eine Mantelart en vogue, die stark dem Burnus, einem charakteristischen Obergewand der Beduinen, nachempfunden ist.

Nach der irischen Stadt Carrick wird ein bodenlanger Mantel mit einem großen, manchmal doppelt und dreifachen Zierkragen benannt. Um 1800 in ganz Europa verbreitet, lebt er noch lange als typischer und wetterfester Kutschermantel weiter, verschwindet aber vor dem Ersten Weltkrieg.

Mit dem Havelock, Chesterfield und Raglan beeinflussen hervorragende Mantelformen des 19. Jahrhunderts auch heute noch die zeitgenössische Kleidungskultur.

Materialien

Die Wahl des Materials hängt neben der Mantelform immer auch vom Anlaß ab. Mäntel aus edlen Materialien wie Cashmere oder Vikunja sind leicht und angenehm zu tragen, aber bei weitem nicht so strapazierfähig wie reine Schurwolle oder Tweed. Oft werden deshalb Fasermischungen bevorzugt.

Wolle

Wolle ist eine wertvolle Naturfaser mit angenehmen Trageeigenschaften: sie wärmt auch noch im feuchten Zustand und wirkt durch den natürlichen Fettgehalt wasserabweisend.

Cashmere

Cashmere stammt von der in China und der Mongolei lebenden Cashmere-Ziege. Die Wolle wird nicht geschoren, sondern sorgfältig ausgekämmt. Cashmere ist besonders weich und wärmend.

Vikunja

Vikunja wird aufgrund der kostbaren Seltenheit auch die Wolle der Könige genannt. Das Material wird aus den an Dornenbüschen hängenbleibenden Haaren der Vikunja-Lamas gesponnen.

Kamelhaar

Die bis zu 13 cm langen weichen Flaumhaare einer besonderen Kamel-Rasse bilden die Grundlage des Kamelhaares.

Cheviot

Cheviot ist Wolle von den Schafen aus dem schottischen Cheviot-Gebirge. Man erkennt sie an der voluminösen, leicht haarigen Optik. Mäntel aus Cheviot sind besonders unempfindlich und dauerhaft.

Shetland

Shetland bezeichnet einen melierten, gut gewalkten Streichgarnstoff mit stark verfilztem Faserflor aus Originalwolle von den Shetland-Inseln.

Loden

Loden ist ein gewalkter und gerauhter Wollstoff. Ursprünglich wegen wasserabweisender und wärmender Eigenschaften besonders bei Jägern und in den Alpengebieten beliebt, ist der Lodenmantel heute ein traditionsreicher, unverwüstlicher Begleiter für den Herrn.

Tweed

Neben Loden ist auch Tweed ein rustikaler Stoff für lässige, robuste Mäntel. Tweed ist ein rauhes

Gewebe, aus Wollgarnen ungleichen Querschnitts gewebt. Typische Tweeds sind melangeartig hell/dunkel gemustert.

Donegal

Donegal ist ein Tweed-ähnlicher Stoff mit charakteristischen Noppen.

Fischgrat

Der Name beschreibt es treffend: Die feine, zickzackartige Streifenmusterung dieses rustikalen Stoffes erinnert stark an Fischgräten. Fischgrat ist leicht gewalkt und deutlich angerauht.

Baumwolle

Baumwolle ist eine reine Naturfaser mit angenehmen Trage-Eigenschaften. Sie kann auf verschiedenste Weise behandelt werden: Merzerisieren führt zu dauerhaftem Glanz und kräftig leuchtenden Farben; Spezialimprägnierung dagegen macht das Material wasserabweisend.

Popeline

Der Name weist auf den Ort der Entstehung hin: Popeline wird traditionell in Avignon, der ehemaligen päpstlichen Residenzstadt hergestellt. Popeline ist ein feines Gewebe aus Baumwolle, Wolle oder Seide mit mehr oder weniger ausgeprägter ripsartiger Struktur. Baumwoll-Popeline, merzerisiert und wasserabweisend ausgerüstet, ist ein pflegeleichtes Material für Wettermäntel.

Farben

Auch bei den Mänteln gilt: Je offizieller der Anlaß, desto dunkler die Farbe.

Bevorzugt werden grau, grün, marine, beigebraun oder schwarz. Der offizielle Herrenmantel ist uni.

Sportliche Mäntel werden häufig aus Tweed gefertigt. Die typisch 'körnige' Musterung betont den inoffiziellen Charakter. Auch die kontrastreichen schwarz-weißen Fischgratmuster oder der noppig-melierte Donegal in Erdtönen sind sehr beliebt.

Wettermäntel wie Trenchcoat oder Slipon werden traditionsgemäß in Beige-grün-braun-Tönen gefertigt. Wendemäntel besitzen häufig eine klassisch-karierte Seite.

Der typische Dufflecoat ist marine, aber auch beige oder braune Töne sind üblich.

Formenkanon

Ob zum Sport-Sakko, Businessanzug oder Pullover – welche Mantelform auch gewählt wird, die erste und wichtigste Aufgabe jedes Mantels ist der Schutz vor Kälte und Nässe. Ob sportlicher

Wettermantel oder eleganter Chesterfield – die moderne Kleidungskultur kennt zeitlose Grundtypen für die unterschiedlichen Anlässe. Sicher braucht man nicht alle Mantelformen sein eigen zu nennen – aber die Mär vom 'Allzweckmantel' gehört ins Reich der schlecht gekleideten Männer. Der anspruchsvolle Herr sollte zumindest unter zwei Mantelformen wählen können.

Für die Paßform eines Mantels gibt es einige wichtige Grundregeln: Bei der Anprobe sollen stets Jackett oder Pullover getragen werden. Nur wenn der Mantel dann noch perfekt sitzt, wird er genügend Bequemlichkeit bieten. Wichtig: Der Mantel sollte stets das Knie bedecken, kürzere Mäntel lassen den Körper zu gedrungen erscheinen. Über ein Mehr an Länge entscheiden hingegen zeitgenössische Einflüsse. Die Ärmel sollten Jackett und Hemdsärmel stets verdecken.

Havelock

Nach dem englischen General Sir Henry Havelock (1795–1857) wird der ärmellose, hüftlange Pelerinenmantel benannt, der heute noch, aus schwarzem Wollstoff gearbeitet, als offizieller Frackmantel getragen wird.

Der Havelock hat jedoch nicht nur als Frackmantel seine klassische Berechtigung, sondern kann darüber hinaus auch als sportlicher Lodenmantel getragen werden.

Chesterfield

Der nach dem im 19. Jahrhundert lebenden Earl of Chesterfield bezeichnete Klassiker wird sowohl einreihig als auch zweireihig, mit oder ohne Samtkragen getragen. Der einreihige Chesterfield kann mit offener oder verdeckter Knopfleiste ausgestattet werden. Die verdeckte Knopfleiste gestaltet den Chesterfield offizieller.

Dem Formenkanon der Anzüge entsprechend ist der zweireihige Mantel durch steigende, der einreihige Mantel durch fallende Revers charakterisiert. Der Chesterfield hat grundsätzlich einen Rückenschlitz.

Dieser (halb)offizielle Mantel ist mit zwei Pattentaschen und einer Brust-Leistentasche ausgestattet und besticht durch seine schlichte Eleganz.

Stadtmantel

Der Stadtmantel gleicht der Form des Abendmantels: ein schlichter Mantel, ein- oder zweireihig, offene oder verdeckte Knopfleiste, mit oder ohne Gürtel, der auf stilistische Auffälligkeiten verzichtet. Es gibt Stadtmäntel mit Slipon- oder Reverskragen, Einstück oder Raglanärmeln.

Der bequeme Raglanschnitt ist einem Mißgeschick von Lord Fitzroy James Henry Somerset Baron Raglan (1788–1855) zu verdanken. Als er 1815 in der Schlacht von Waterloo verwundet wird, muß ihm ein Arm amputiert werden. Um diese Verstümmelung zu verbergen, läßt er den Mantelärmel schräg bis zum Kragen ansetzen. Heute ist der Raglan als Reisemantel beliebt; zumeist durchgeknöpft mit fallendem Revers und Ärmellaschen.

Reisemantel (Sportmantel)

Reise- oder Sportmäntel sind ideal für inoffizielle Anlässe. Kennzeichnend ist der bequeme Schnitt mit Raglan- oder eingesetztem Arm und offener Knopfleiste. All diese Mäntel sind vielseitig praktisch verwendbar.

British Warm

Dem British Warm sieht man seine 'militärische' Vergangenheit an: zweireihige Knöpfe, leicht taillierte Form, schräge Klappentaschen und Schulterklappen erinnern noch heute an die englischen Militärmäntel der ersten Jahrzehnte dieses Jahrhunderts.

Wettermantel

Trenchcoat und Slipon sind die idealen Allwettermäntel für unsere Klimazone: wasserabweisend und wärmend begleiten sie den Herrn zu allen inoffiziellen Anlässen, auf Reisen und beim Sport. Wettermäntel können mit ausknöpfbarem Wollplaid oder Pelzfutter ausgerüstet werden.

Der **Trenchcoat** ist nicht erst seit Humphrey Bogart und 'Casablanca' ein echter Klassiker. Dieser praktische, unverwüstliche, zweireihige Allwettermantel ist nicht zuletzt auch durch seine Filmkarriere als typischer ‘Agentenmantel’ in aller Welt berühmt geworden.

Der Trenchcoat wird im Ersten Weltkrieg als wasserabweisender Mantel für englische Soldaten geschaffen – die metallenen D-Ringe am Gürtel zum Einhaken der Feldflaschen und andere militärische Details wie Armspangen und Schulterstücke erinnern noch heute daran.

Fauxpas:

Mantelgürtel auf dem Rücken binden

Die einreihige Version des Wettermantels ist der **Slipon**. Es werden Slipons mit Raglan- oder eingesetzten Ärmeln, mit verdeckter Leiste oder durchgeknöpft unterschieden. Slipons sind weit und bequem geschnitten, Schubtaschen zum Durchgreifen, zwei große Innentaschen und verstellbare Armspangen gehören dazu.

Dufflecoat

Dufflecoat ist die Bezeichnung eines gerade geschnittenen dreiviertellangen Mantels mit Kapuze aus schwerem Wollstoff. Sattelschulter, aufgesetzte Taschen und der originelle Knebelverschluß sind charakteristische Merkmale. Der Name 'Dufflecoat' stammt von einem besonders widerstandsfähigen Wollgewebe, benannt nach der belgischen Stadt Düffel.

Internationale Collectionen

Stilechte klassische Details, gültig interpretiert und hochwertig verarbeitet, charakterisieren die Collectionen von Amadeus, Aquascutum, Burberrys, Chester Barrie, Herno, Oscar Lenius, Regent, SØR und Zegna.

Mantelkultur

Frackmantel (Havelock)

Anlaß: Hochoffizielle Abendveranstaltungen mit Frack.

Form

Ärmellos, einreihig durchgeknöpft, Pelerine.

Material

Schurwolle.

Farbe

Schwarz.

Accessoires

Schal: Weißer Seiden- oder Cashmereschal.

Handschuhe: Glatte, schwarze Lederhandschuhe.

Hut: Zylinder.

Chesterfield

Anlaß: Offizielle Veranstaltungen, halboffizielle Geschäftsanlässe.

Form

Ein- oder zweireihig, eingesetzte Ärmel, gerade Pattentaschen, Rückenschlitz, gerader oder untaillierter Rumpf.

Material

Bevorzugt werden: Reines Cashmere, Cashmere/Wolle, Tuch, Alpaka, Camelhaar.

Farben

Grau, anthrazit, marine, schwarz, einfarbig oder Ton in Ton gemustert.

Accessoires

Schal: Zum Abendmantel: Cashmere oder reine Seide, weiß, uni; zum Stadtmantel: reine Seide oder Cashmere, uni oder dezent gemustert.

Handschuhe: Glatte, schwarze Lederhandschuhe.

Hut: Eden, Homburg, Camber.

Stadtmantel

Anlaß: Halboffizielle, berufliche Anlässe.

Form

Dem Abendmantel vergleichbar, Slipon- oder Reverskragen mit Raglan- oder Einstückärmeln. Rumpf gerade oder weit geschnitten. Der Stadtmantel, mit und ohne Gürtel, verzichtet auf stilistische Auffälligkeiten.

Material

Bevorzugt werden: Reines Cashmere, Cashmere/Wolle, Camelhaar, Alpaka oder dezent einfarbig gemusterte Wollstoffe.

Farbe

Blau, grau, braun, camel, uni oder dezent gemustert.

Accessoires

Schal: Cashmere oder reine Seide, uni oder dezent gemustert.

Handschuhe: Glattes Leder, schwarz oder braun.

Hut: Camber, Eden.

Reisemantel (Sportmantel)

Anlaß: Inoffizielle Anlässe, Reisen.

Form

Bequem geschnitten, Raglan- oder eingesetzter Ärmel. British Warmer, Hubertusform, Wendemantel, Trenchcoat, Slipon, mit oder ohne Gürtel. All diese Mäntel sind vielseitig verwendbar, die praktische Seite steht im Vordergrund.

Material

Als strapazierfähige Stoffe: Tweed, Donegal, Cheviot, Loden, Shetland, Woll-Gabardine, Covercoat-Stoff. Aber auch weiche und flauschige Stoffe, wie Alpaka, Tuch.

Farben

Beige, braun, grün, grau, marine, auch gemustert.

Accessoires

Schal: Cashmere in klassischen Tartans oder gestrickte Wollschals mit Regimentsstreifen. Reine Seide, uni oder gemustert, sportlicher Gumtwill.

Handschuhe: Peccary.

Hut: Snapbream, britische Sportmütze, weicher Taschenhut.

Wettermantel

Anlaß: Inoffizielle Anlässe, Reise und Sport.

Form

Slipon mit Raglan- oder Einstückärmeln, verdeckter Leiste oder durchgeknöpft; bequemer, weiter Rumpf, Schubtaschen zum Durchgreifen, zwei große Innentaschen, verstellbare Armspangen.

Trenchcoat zweireihig mit Gürtel, langem Rücken- oder Fächerschlitz, evtl. Schulterstücke, verstellbare Armschlaufen.

Wettermäntel sollen die Knie bedecken.

Material

100 % Baumwoll-Gabardine oder Baumwoll-Popeline, garn- oder stückgefärbt.

Farben

Beige/grün, grün/beige, auch marine und schwarz.

Accessoires

Schal: Cashmere in klassischen Tartans oder gestrickte Wollschals mit Regimentsstreifen. Reine Seide, uni oder gemustert, sportlicher Gumtwill.

Handschuhe: Peccary.

Dufflecoat

Anlaß: Freizeit und Sport.

Form

Gerade geschnittener Kurzmantel mit Kapuze, Sattelschulter, aufgesetzten Taschen, Knebelverschlüsse.

Material

Marinetuch, Lammvelours mit gewachsenem Fell.

Farben

Marine, grau, beige, oliv, schwarz.

Accessoires

Schal: Cashmere, Schurwolle, uni oder original schottische Tartans. Strickschals

Handschuhe: Peccary.

Anlaß	*Form*	*Farbe*
hochoffizielle Abendveranstaltungen	*Frackmantel (Havelock, Pelerinenmantel)*	*schwarz*
(halb)offizielle Veranstaltungen	*Chesterfield*	*schwarz, dunkelgrau, blau*
Business, Tageskleidung	*Stadtmantel*	*blau, grün, braun, beige gemustert*
Reise, sportiv, inoffizielle Anlässe	*Reisemantel (Sportmantel)*	*beige, braun, grün, blau, auch gemustert*
Reise, Sport, inoffizielle Anlässe	*Wettermantel (Trenchcoat, Slipon)*	*braun, beige, grün*
Sport, Freizeit	*Dufflecoat (Kurzmantel mit Kapuze)*	*marine, grau, beige, oliv, schwarz*

Material
Schurwolle
100 % Cashmere, Cashmere/Wolle, Camelhaar
100 % Cashmere, Cashmere/Wolle, Camelhaar oder einfarbige Wolle
strapazierfähige Stoffe: Tweed, Donegal, Cheviot, Loden, Shetland
Baumwoll-Popeline, Pelz- oder Wollfutter
Marinetuch

Hemd

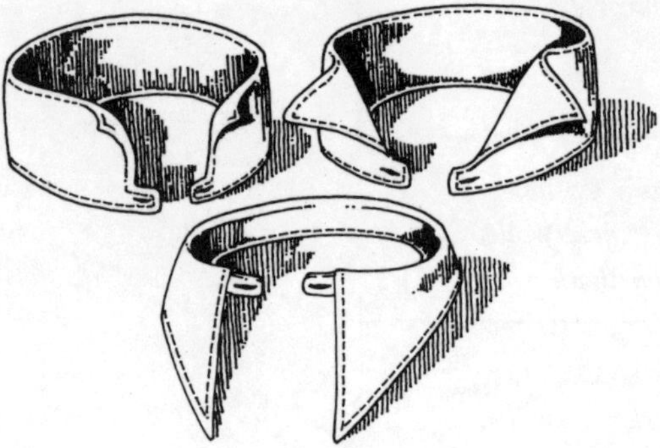

Historie

“Kem”, das indogermanische Wort für Hemd, bedeutet “verhüllen, bedecken”.

Das Hemd ist in vergangenen Zeiten immer die Kleidungsschicht gewesen, die den Körper direkt bedeckt und damit eine zweite Haut bildet.

“Haut” heißt übrigens auf althochdeutsch “hemedi”. Die Wortverwandtschaft zu “Hemd” ist offensichtlich. Diese zweite Haut dient ursprünglich jedoch nicht als Schutz vor Kälte, sondern bewahrt die wertvollen Obergewänder vor Schweiß und Körpergeruch und die zarte Haut vor groben Stoffen. Diese Funktion wird seit dem 19. Jahrhundert vom Unterhemd erfüllt.

Das Hemd ist zugleich immer auch Statussymbol gewesen – nicht nur wegen kostbarer Stoffe und Spitzen. Nur wer in den ärmeren sozialen Schichten zur körperlichen Arbeit gezwungen wird, zeigt sich "hemdsärmelig" in der Öffentlichkeit. Noch in den 50er Jahren dieses Jahrhunderts ist es unschicklich, sich in Gegenwart einer Dame "nur" im Oberhemd zu zeigen.

Fast alle Kulturen kennen das Hemd: zumeist ist es ein einfaches, gerade geschnittenes, tunikaähnliches Gewand aus Wolle, später auch aus Baumwolle oder Seide, an Ärmel und Hals mit Zugbändern zusammengeschnürt. Kragen und Manschetten entstehen als eine Art "Kratzschutz" für die harten Stoffkanten und werden von der Mode vielfältig variiert.

Das Mittelalter bevorzugt Hemden mit kurzen Ärmeln. Zumeist als mehr oder minder lange Kittel aus Wolle, Leinen oder Seide. Diese Stücke werden als Obergewand, in späterer Zeit als Untergewand und seit dem 15. Jahrhundert als Leibwäsche benutzt.

Die höheren Stände tragen Seidenhemden. Diese sind über den Kopf zu ziehen und vorn mit einem kurzen Brustschlitz versehen.

Mit den Landsknechten des 30jährigen Krieges kommt eine neue Mode auf, die das Hemd ins Rampenlicht treten läßt: Aus den Schlitzen eines engen, geschnürten Wamses quillt der wertvolle Hemdstoff üppig gebauscht hervor. Mit dem weiter herabrutschenden Halsausschnitt der späteren Mode ist die Möglichkeit der "Kragenverzierungen" größer: Zeitweise sind sogenannte "Mühlradkragen" modern, in denen bis zu 17 m gestärkter und gefältelter Spitze verarbeitet werden. Um 1620 wechselt die Kragenmode. Mit den kleiner werdenden Frisuren der Männer werden auch die Kragen wieder kleiner: Man(n) trägt angeknöpfte Stehkragen mit Jabot.

Aus den Rüschenverzierungen wird nach und nach die steife, gefältelte Hemdbrust. Ärmere Kreise helfen sich mit einem Trick, um (teuren) Stoff zu sparen: Über ein Hemd aus einfachem Stoff wird die Chemisette angeknöpft. Auch Stehkragen und Manschette sind – wie üblich – anknöpfbar. Bis 1850 ist der angeknöpfte hohe Stehkragen, der "Vatermörder", ein Muß für den eleganten Herrn. Zwar gibt es schon umgeschlagene Kragen, doch die sind der Freizeit vorbehalten.

Gestärkte Hemden und Kragen sind bis in die 40er Jahre unseres Jahrhunderts üblich. Eine bahnbrechende Neuerung führt man um 1900 ein – das Hemd bekommt eine durchgehende Knopfleiste, muß also nicht mehr über den Kopf gezogen werden.

In den letzten Jahrzehnten ist das Hemd durch die vielfältigsten Modetendenzen beeinflußt. Farbe, Dessins, Kragen- und Manschettenformen wechseln oft.

Material

Baumwoll-Batist

Baumwolle ist atmungsaktiv und weist als natürlicher Hemdenstoff zahlreiche angenehme Trageeigenschaften auf. Baumwoll-Batist ist ein leichtes, feines und durchscheinendes Leinwandgewebe aus feinen hochwertigen Garnen. Feinster Mako-Batist (Schweizer Batist) ist eine besondere Qualität aus langstapeliger ägyptischer Baumwolle.

Baumwoll-Popeline

Popeline ist ein Gewebe mit gezwirntem Schuß und schwachem Rippeneffekt, der durch doppelt soviele Kett- wie Schußfäden entsteht. Eine der besten Qualitäten ist “Sea Island”, eine amerikanische Baumwoll-Sorte mit einer Stapellänge von 50–53 mm.

Der Einfach-Popeline besteht aus nicht gezwirnten Garnen. Beim Halbzwirn-Popeline besteht der Kettfaden aus Zwirn, der Schußfaden aus einfachem Garn. Beim Vollzwirn-Popeline besteht der Kettfaden und der Schußfaden aus gezwirnten Garnen.

Oxford

Oxford ist ein buntgewebter, strukturierter Baumwollstoff für sportliche (Business-)Hemden.

Baumwollflanell

Baumwollflanell ist eine Stoffqualität, die durch Anwalken aufgerauht wird, ohne die Faser zu zerstören. Dadurch entsteht ein auf beiden Seiten weiches Oberflächenbild. Baumwollflanell ist besonders weich und wärmend.

Leinen

Leinenhemden sind durch ihre hohe Luftdurchlässigkeit und die angenehmen Trageeigenschaften besonders geeignet für den Sommer.

Seide

Seide ist ein angenehmer, luxuriöser Hemdenstoff. Shantung-Seide bezeichnet grobe Wildseide, Crêpe de Chine besteht aus gezwirnten, fein gekrumpften Seidenfäden. Vorgewaschene Seide empfiehlt sich für sportliche Hemden.

Wolle

Wollhemden werden aus feinen Wollkammgarnqualitäten gefertigt. Hochwertige Mischqualitäten sind Wolle/Cashmere, Wolle/Seide und Wolle/Baumwolle (Viyella). Flanellhemden werden auch aus Wolle gefertigt.

Dessins

Unis

Natürlich gab es zu allen Zeiten auch farbige Hemden, doch klassisches Weiß war und ist die dominierende Farbe für den Gentleman. Mit Beginn der Industrialisierung wird der weiße Kragen Erkennungszeichen des höheren Angestellten (white collar worker) im Gegensatz zum Arbeiter (blue collar worker). Heute sind sanfte Unitöne in allen Farben für Business-Hemden möglich. Sporthemden variieren auch kräftigere Töne.

Streifen

Um 1870 werden gestreifte Sporthemden, "Regatta Shirts", hochmodern. In die klassische Hemdenparade werden sie mit weißen Kragen und Manschetten aufgenommen.

Römerstreifen

Gleichmäßige, breite Parallelstreifen in satten Kolorierungen.

Millrayé

Sehr fein gestellte Parallelstreifen in Kettrichtung.

End-in-end (Baumwoll Fil-à-fil)

Baumwollstoff mit treppenförmiger Kleinmusterung, bei dem der Kettfaden hell-dunkel wechselt (Köperbindung).

Tattersall

Musterung für Sporthemden. Meist zweifarbige Fadenkaros auf hellem Grund mit ca. 2 cm großen Rapports.

Madras

Vielfarbige, großzügige und leicht verschwommene Karomusterung auf leichten Baumwollgeweben.

Fancies

Sport- und Freizeithemden finden sich heute in den phantasievollsten Musterungen – vom klassischen Schottenkaro über florale Hawaiihemden bis zu Paisley-Motiven.

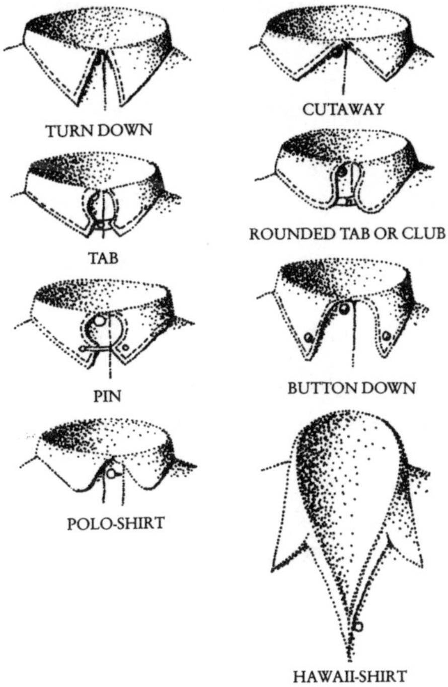

Kragenformen

Umlegekragen

Der Umlegekragen ist als universelle Kragenform in vielerlei Größen und Formen erhältlich. Seine Kragenschenkel variieren von kurz und breit bis lang und schmal (Cutaway – Turndown).

Kläppchenkragen (Frackkragen)

Der Kläppchenkragen ist der elegante Kragen zum Frack, Smoking und Cutaway.

Tabkragen (Laschenkragen)

Die eckigen oder abgerundeten Kragenschenkel werden mit einem geknöpften Riegel unter dem Krawattenknoten verbunden. Der Tab umschließt die Krawatte und liegt eng am Hals an.

Nadelkragen (Needle, Pin)

Der Kragen ist durch speziell gesäumte Lochungen für die Befestigung der Kragennadel gekennzeichnet. Der Nadelkragen hat spezielle Löcher für die Befestigung der Kragennadel.

Klammerkragen

Eine Kragenklammer kann zu jedem Standardkragen getragen werden, solange dieser nicht allzu weit auseinandersteht. Versehen Sie jedoch nie einen Button-down-Kragen mit einer Nadel oder Klammer.

Button-down-Kragen

Der sportive Button-down-Kragen entstand auf den Polofeldern Englands, wo sich die Spieler beide Kragenschenkel an das Hemd knöpften, damit sie nicht im Winde flatterten.

Freizeithemden

Typisch für Freizeithemden sind zumeist ein "offener Kragen", phantasievolle Stoff- und Musterkombinationen.

Hawaiihemd

Ein klassischer Vertreter der 50er Jahre ist das heute in Amerika immer noch beliebte Hawaiihemd mit seinen auffälligen floralen Motiven.

Polohemd

Das Polohemd wurde zur englischen Besatzungszeit in Indien erfunden. Die polospielenden Engländer trugen Hemden aus Trikotstoff mit kleiner Knopfleiste, kurzen Ärmeln und weichem Kragen. Heute ist das Polohemd als Sporthemd populär.

Manschettenformen

Grundsätzlich werden zwei Manschettenformen unterschieden.

Umschlagmanschetten

Die eleganteste ist die französische Umschlagmanschette (doppelte Manschette), die stets von Manschettenknöpfen geschlossen wird.

Sportmanschetten

Die “einfache” Sportmanschette ist weit verbreitet, empfiehlt sich aber nur für inoffizielle Hemden. Es gibt sie als Ein-Knopf- oder als Zwei-Knopf-Variante.

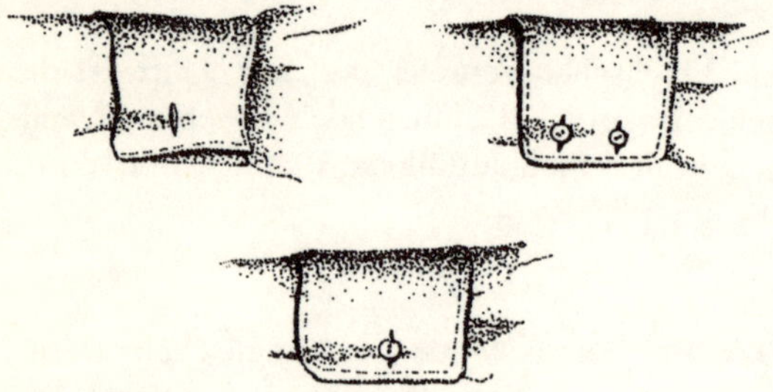

Taschen

Hemdtaschen entstehen erst mit dem Wegfall der Weste. Das elegante Smokinghemd hat keine Taschen, zum Business-Outfit kann man Hemden mit einer Tasche tragen; nur Sporthemden haben zwei Taschen. Auf oder unter der Hemdtasche kann das gestickte Monogramm plaziert werden.

Fauxpas:

- Button-Down zu (halb)offiziellen Anlässen
- Sportmanschette zu offiziellen Anlässen

Paßform

Kragenpaßform

Welche Kragenform man wählt, ist vom Anlaß und von der Figur des Herrn abhängig. Herren mit langem Hals werden hohe Kragenformen, Herren mit massigeren Hälsen niedrigere Kragen empfohlen. Grundsätzlich gilt: Der Kragen darf nicht zu eng sitzen und den Hals einschnüren.

Sie messen Ihre Kragenweite richtig, wenn Sie das Maßband um den unteren Teil Ihres Halses in Höhe Ihres Kragenknopfes legen. Die Enden des locker den Hals umschließenden Maßbandes sollten leicht aneinanderstoßen. Berücksichtigen Sie ein wenig Spielraum, damit Sie der Kragen nicht einengen kann.

Ärmel- und Manschettenpaßform

Die Ärmellänge wird vom höchsten Punkt des Ärmelansatzes bis zur Unterkante Manschette gemessen.

Ihre Manschette sollte anliegen, jedoch noch bequem sitzen und mindestens 1 cm unter dem Anzugärmel hervorschauen.

Rumpfpaßform

Nicht allein entscheidend für den guten Sitz eines Hemdes sind die Kragen-, Ärmel- und Manschettenpaßformen, sondern auch die Taillierung. Unterschiedliche Weitenmaße entscheiden über die individuelle Paßform.

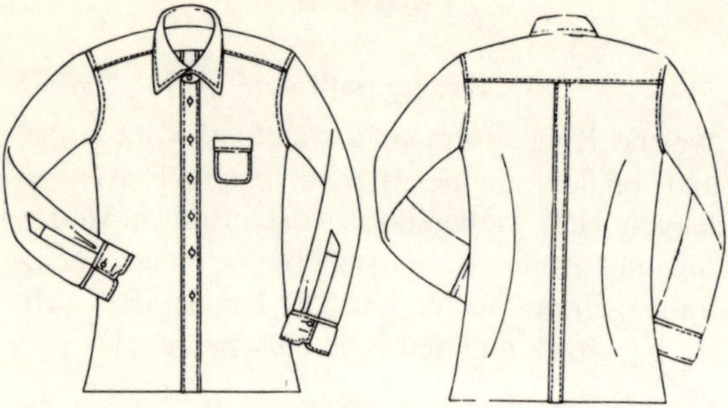

Verarbeitung

International gültige Hemdenfabrikate bieten mehrere hochwertige Verarbeitungs-Standards an: vom konfektionierten über das halbmaßgeschneiderte zum maßgeschneiderten Oberhemd. Dabei können die unterschiedlichen o.a. Varianten der Größe, Kragenhöhe, Form und des Schnitts selbst bestimmt werden.

Viele kleine Details bestimmen die Wertigkeit eines Oberhemdes.

Auf folgende kleine Verarbeitungsmerkmale ist zu achten:

Kappnaht

Hier werden sämtliche Nähte gekappt und mit einem Doppelstich genäht.

Einlagen

Kragen- und Manschetteneinlagen sind besonders weich und bieten einen besseren Tragekomfort.

Zweistückkragen

Diese Kragenverarbeitung ist eine speziell patentierte Entwicklung der Firma van Laack. Dieser Kragen wird auch für alle SØR-Hemden verwandt. Er garantiert einen bequemen und korrekten Sitz.

Perlmutt

Qualitätsvolle Hemden sind mit Perlmuttknöpfen versehen.

Stichdichte

Auf eine hohe Stichdichte der Nähte (auf 1 cm möglichst 8 Stiche) ist zu achten.

Kragenstäbchen

Kragenstäbchen werden lose eingearbeitet.

Internationale Collectionen

Die hohe Schule der Hemdenkunst wird bis in die heutige postmoderne Zeit von folgenden Markenfabrikanten bewahrt: Burini Brioni, Diamants, Friedman, Lorenzini, Oscar Lenius, SØR und van Laack.

	Kragen	*Manschette*
Frack	*Kläppchen-kragen*	*einfache steife Manschette*
Smoking	*Kläppchenkragen* *Umlegekragen*	*Doppel-manschette*
Dinner-Jackett	*Kläppchenkragen* *Umlegekragen*	*Doppel-manschette*
Cutaway	*Umlegekragen* *Kläppchenkragen*	*Doppel-manschette*
Stresemann	*Umlegekragen*	*Doppel-manschette*
Stadt-/ Geschäftsanzug	*Umlegekragen* *Kentkragen* *Tabkragen* *Klammkragen*	*Doppel-manschette* *Sportmanschette*
Blazer	*Umlegekragen* *Tabkragen* *Button-down* *Nadel-Kragen* *Klammkragen*	*Doppel-manschette* *Sportmanschette*
Sportanzug	*Umlegekragen* *Button-down* *Tabkragen* *Klammkragen*	*Sportmanschette*
Sportsakko	*Umlegekragen* *Button-down* *Tabkragen* *Klammkragen*	*Sportmanschette*

Material	*Dessin*	*Farbe*
Baumwoll-Batist	*uni,* *Brust-Waffelpiqué*	*weiß, champagner*
Baumwoll-Batist	*uni,* *Brust-Biesen* *verdeckte Leiste*	*weiß,* *champagner,* *bleu*
Baumwoll-Batist	*uni*	*bleu, champagner*
Baumwoll-Batist	*uni*	*weiß*
Baumwoll-Batist	*uni*	*weiß*
Baumwoll-Batist	*uni* *Millrayé* *Fil-à-fil* *Streifen*	*weiß, bleu, beige*
Baumwoll-Batist *Baumwoll-* *Popeline*	*uni* *Fil-à-fil* *Millrayé* *Römerstreifen*	*weiß, bleu, beige,* *ochsenblut*
Baumwoll- *Popeline* *Baumwoll-Oxford*	*uni, Tattersall* *Fil-à-fil* *Millrayé* *Streifen*	*weiß, bleu, beige* *grün, ochsenblut*
Baumwoll-Oxford *Baumwoll-* *Popeline* *Baumwoll-Twill*	*uni, Fil-à-fil* *Millrayé* *Tattersall* *Streifen*	*weiß, bleu, beige,* *grün, ochsenblut*

Krawatte

Historie

Kroatischen Kriegern des 17. Jahrhunderts ist es zu verdanken, daß heute 600 Millionen Männer dieser Welt Krawatten tragen. Die Wortgeschichte der Krawatte führt uns in das 14. Jahrhundert. Die frühest bekannte Erwähnung der "cravate" ist vom französischen Balladendichter Eustache Deschamps (ca. 1340–1407) überliefert. Cesare Vecellio (1530–1606) berichtet in seiner Kostümkunde "Degli abiti antichi e moderni in diversi parte del mondo" über die "cravata" der römischen Soldaten. Diese "focale" (lat.: "fauces" Kehle, Hals) ist seit Beginn der christlichen Zeitrechnung bekannt. Thronfiguren aus dem 3. Jahrhundert v. Chr. zeigen Soldaten des chinesischen Kaisers Shih Huang-ti, Erbauer der großen Mauer, die eine Halsbinde tragen. Frühere Belege für "Krawattenträger" sind kostümgeschichtlich nicht überliefert.

Dieser kurze historische Exkurs verdeutlicht, daß Begriff und Gebrauch der Krawatte ihren Ursprung nicht, wie vielfach angenommen, bei den kroatischen Kriegern haben. Unbestritten ist jedoch die Bedeutung der Kroaten für die Verbreitung der Krawatte in der westlichen Welt. Nur in Kroatien, einer alten römischen Provinz, bleibt die antike Tradition der "focale" auch während des Mittelalters erhalten. Bis zum Anbruch der Neuzeit trägt man andernorts den

Hals mittelalterlich frei. In der Renaissance kommen dann der Ringkragen und die starre Halskrause (Kroese) auf. Dieses charakteristische Element der spanischen Tracht verbreitet sich schnell. Bald jedoch wird der beengende Mühlsteinkragen im Dreißigjährigen Krieg durch den breiten Umlegekragen verdrängt. Die Umlegekragen bedürfen des täglichen Bügelns und Stärkens. Diese umständliche Pflege macht die französischen Soldaten für die pflegeleichten, kroatischen Halstücher empfänglich. Ein- oder zweimal um den Hals geschlungen, werden die Krawatten nur leicht geknotet. Offiziere tragen sie aus Musselin oder Seide, einfache Soldaten müssen sich mit Leinenkrawatten bescheiden. Mit der Rekrutierung kroatischer Söldner erobern diese Krawatten in Windeseile ganz Europa. Unter Ludwig XIV. wird in den 60er Jahren des 17. Jahrhunderts in Frankreich das kroatische Reiterregiment "Royal Cravate" gegründet.

Nicht nur Offiziere und Soldaten auch Ludwig XIV. selbst entwickelt eine Krawattenleidenschaft. "Jeden Morgen präsentierte ihm der eigens dazu angestellte Cravatier einen Korb Krawatten, die mit hochroten, scharlachfarbenen, orangefarbenen oder hellblauen Bändern verziert waren. Der König wählte sich eine aus, schlang selber den Knoten und überließ es dann dem Cravatier, sie gefällig anzuordnen" (A. Varron). Zu dieser Zeit weilt der von Cromwell vertriebene englische Thronerbe Charles II. (1660–1685) am französischen Hof. Auch er ist von den buntfarbenen Krawatten fasziniert.

1692 ist ein wichtiges Datum für die Krawatte. Am frühen Augustmorgen werden die französischen Truppen in der Nähe des belgischen Ortes Steinkerque (Steenkerken) überfallen. Es bleibt keine Zeit mehr, die Krawatten zu binden; lose werden sie umgeschlungen und an den Enden zur Befestigung durch ein Uniformknopfloch gezogen. Die Steinkirk breitet sich schnell auch nach Amerika aus. Die Krawatte wird international.

Während der Herrschaft Philipp von Orléans (1715–1723) wird die Steinkerke von einem langen, schräg geschnittenen Musselinstreifen verdrängt, der auf Patten aufgenäht hinten am Halse verknotet wird. In der ersten Hälfte des 18. Jahrhunderts kommen auch schwere, breit herabhängende Krawatten à la chancelière (Fußsack) auf. Das 18. Jahrhundert ist von einem hektischen Wechsel der Krawattenmode geprägt, die zunehmend politisiert wird. In der Schreckenszeit der Jahre 1749–1793 kleidet sich die adelige Jeunesse doreé royalistisch. Diese Muskadins tragen eine grüne Krawatte als Ausdruck ihrer royalistischen Treue. Die Incroyables des Direktoriums (1795–1799) schlingen sich ihre gestreiften Krawatten bis zur Unterlippe hinauf und werden damit zum Opfer der Karrikaturisten. Ohne Krawatte (sans cravate) kleiden sich die französischen Revolutionäre; jegliche Krawatte ist als aristokratische Attitude verpönt. Der Revolutionär schlägt den Hemdkragen weit zurück und zeigt

Hals. Nachlässig um den Hals geschwungene, grobe Tücher werden geduldet. Robespierre und seine Gefolgschaft hingegen kleiden sich korrekt: tadellose weiße Krawatte zum gefalteten Jabot.

Die Schicht der jungen Elegants entwickelt in England das Dandytum, dessen Ursprung manche im französischen Exil des Stewartkönigs Charles II. sehen, der vielen als erster Dandy gilt. Die "grand tour" durch Europa führt den englischen Dandy auch nach Italien und Frankreich. In London schließen sie sich zum Makkaroni-Club zusammen und bringen südliche Eleganz in ihre verregnete Heimat. Von 1770–1790 tragen die Dandys des Makkaroni-Clubs weiße Krawatten, die zur Schleife geschlungen werden. Nach 1790 bringen die Makkaronis die französische Hasenohr-Krawatte der Incroyables mit nach London und werden auf der Insel erneut zum Trendsetter. George Bryan Brummel (1778–1840) wird Anfang des 19. Jahrhunderts zum ungekrönten Dandy-König. Die sonntäglich aufgeputzten und exzentrischen französischen Elegants erscheinen ihm "endimanchés". Brummel verzichtet auf extreme Modetorheiten und formuliert den noch heute gültigen Grundsatz: "Ein Zeichen, daß man sich gut kleidet, ist, wenn man nicht auffällt!" Brummel berät König George IV. (1762–1830): Das Binden der weißen Krawatte wird zum Höhepunkt des täglichen "Lever".

Der deutsche Patriotismus hingegen verweigert sich der fremdländischen, französischen Mode. Ernst Moritz Arndt (1769–1860) fordert in seinem "Wort über Sitte, Mode und Kleidertracht" die 'altteutsche Tracht' mit freiem Hemdkragen ohne knechtisches Tuch um den Hals. "Man sagt im gemeinen Sprichwort, Kleider machen Leute, ich sage, Kleider machen Menschen!" Kleidung wird auch in Deutschland zum Ausdruck der Gesinnung. Mittelalterliche Gewänder mit umgelegtem Hemdkragen, ohne Krawatte, verbreiten sich vor allem unter den Studenten. Wilhelm III. (1797–1840) verbietet diese 'altteutsche Tracht' im Jahre 1820 als "aufrührerisch". Der hohe, steife Kragen mit Vatermörder und tadelloser Krawatte wird zur "staatserhaltenden" Kleidung deklariert.

Seit der frühviktorianischen Zeit verlangt die englische Etikette auf dem Kutschbock einen schlanken, vertikalen Langbinder. Die noch heute verbreitete Krawattensilhouette entsteht Mitte des 19. Jahrhunderts und wird wie die vierspännige Kutsche als "Four-in-hand" bezeichnet.

Mit der Industrialisierung beginnt der Siegeszug des Jacquard-Webstuhls, mit dem farbig gemusterte Seidengewebe auch mechanisch hergestellt werden können. Seit dieser Zeit ziert eine Fülle farbenfroher Musterungen und Ornamente die Krawatte. Der lange Schlips (engl.: slip, Bezeichnung für Matrosenknoten) hat sich um 1900 weltweit durchgesetzt und wird zum klassischen Schmuck des Mannes. Von der "achtundsechziger Generation" als "Kulturstrick" verpönt und als Ausdruck des Establishments geschmäht, ist die Krawatte heute weiter verbreitet denn je.

Formen und Knoten

Kostümgeschichtlich umfaßt der Begriff "Krawatte" im Gegensatz zur Umgangssprache alle Formen der Langbinder (Schlipse) und Querbinder (Schleifen) sowie Plastrons, Halstücher und Krawattenschals. Die Schleife wird als "Königin der Krawatten" bezeichnet. Schlipse sind 140–150 cm lang und 6–11 cm breit; stärkere Extreme verlieren schnell ihre modische Gültigkeit. Die Krawatte sollte so gebunden werden, daß die Krawattenspitze in der Höhe des Hosenbundes endet.

Die Kunst des Krawattenbindens hat seit dem Beginn des 19. Jahrhunderts zu einer Vielfalt von Veröffentlichungen geführt. 1818 erscheint die "Necklothiana or Tietania", 1823 die französische Ausgabe als "Cravatiana ou Traité général des Cravates", 1828 "L'Art de mettre sa Cravate", die in achtzehn Lektionen diese Kunstfertigkeit unterrichtet und in einem Dutzend Auflagen innerhalb weniger Jahre mit vielen Übersetzungen ediert wird. Vermutlich ist Honoré de Balzac (1799–1850) Autor dieses pseudonym erschienenen Werkes. Er prägt auch den Aphorismus: La cravate, c'est l'homme!

Die Kunst des Krawattenbindens kann in teuren Seminaren erlernt werden: Etienne Demarelli veranstaltet 1804 Krawattenkurse, die Stunde für 9 Franken. Dem englischen Nachwuchs wird die Kunst für einen Guinee von professionellen Kammerdienern beigebracht.

Das Binden von Krawatten und Schleifen

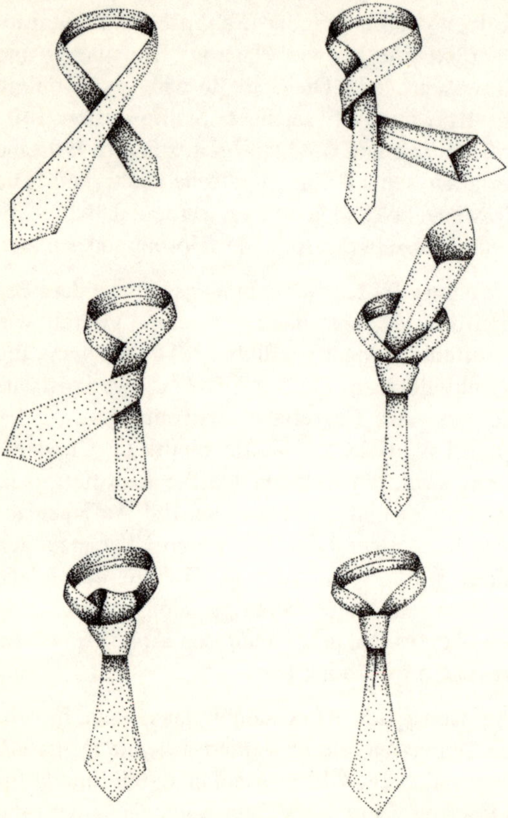

Der asymmetrische, einfache Four-in-hand-Knoten

Das Binden von Krawatten und Schleifen

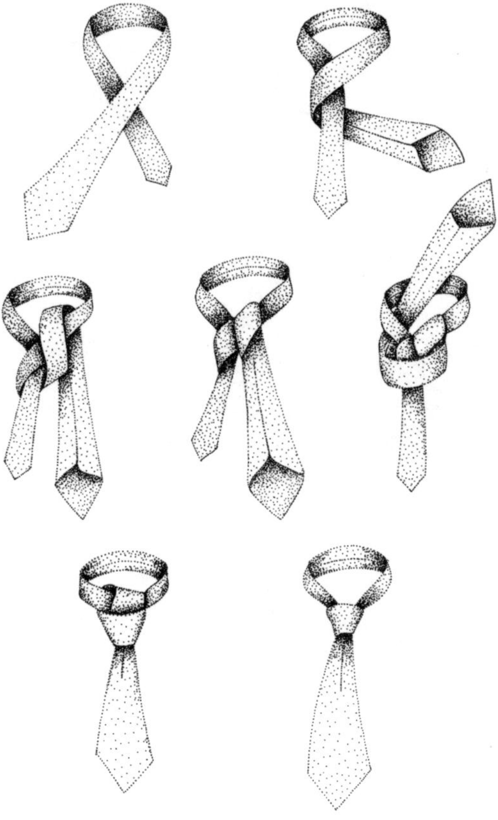

Der symmetrische, einfache Windsor-Knoten

Das Binden von Krawatten und Schleifen

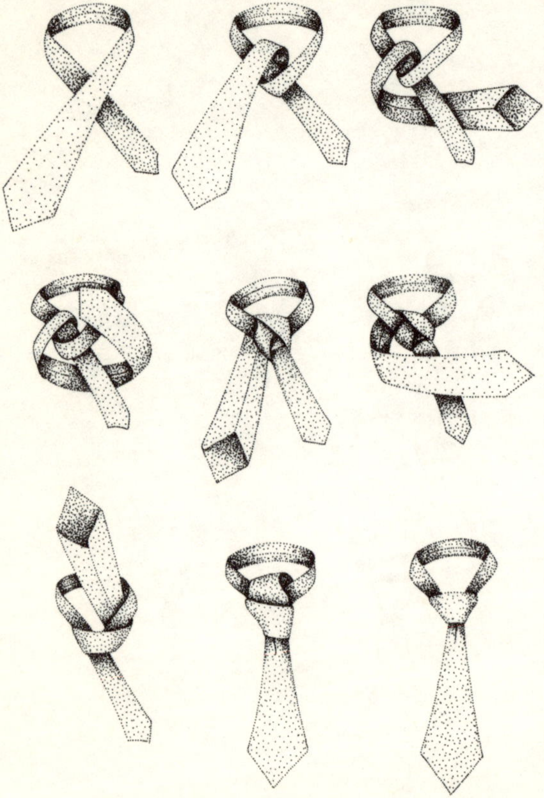

Der symmetrische, doppelte Windsor-Knoten

Das Binden von Krawatten und Schleifen

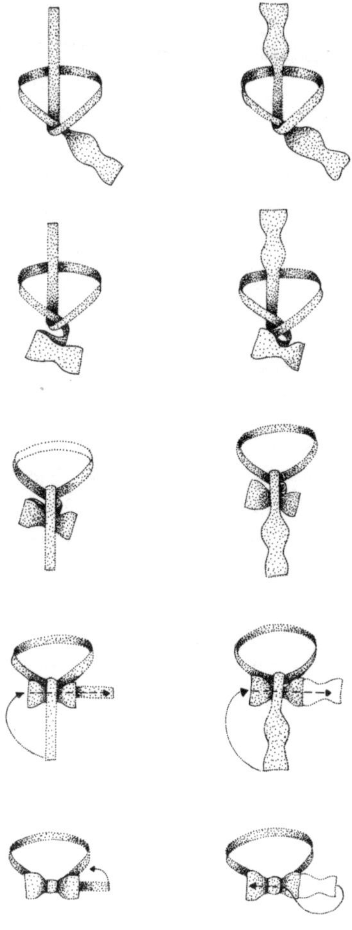

Die Schleifenbindung

Das Binden von Krawatten und Schleifen

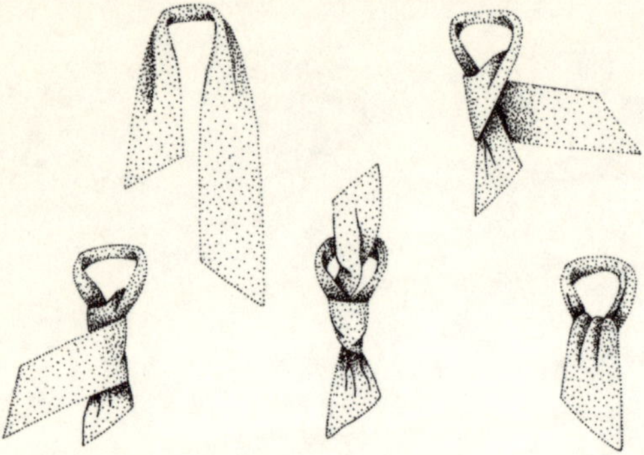

Die Krawattenschalbindung

Die Mutter aller zeitgenössischen Krawattenknoten ist der **Four-in-hand**. Ausweis seiner Eleganz ist die kleine Falte unterhalb des Knotens. Im Gegensatz zum bauchig-dreieckigen und symmetrischen **Windsor-Knoten** wirkt der Four-in-hand schlank und asymmetrisch. Natürlich sollten weder Schleifen noch Krawatten gebunden konfektioniert werden; beim Plastron mag eine Ausnahme gestattet sein. Selbstverständlich können Schleifen beim Herrenausstatter vorgebunden werden; der Mann von Welt bindet sie jedoch selbst. Schleifebinden übt sich bestens am Oberschenkel oder an einer Armlehne! Halstücher oder vorgeschnittene Krawattenschals werden durch einen einfachen Knoten festgesteckt. "Ein gut gebundener Binder ist der erste ernsthafte Schritt ins Leben" (Oscar Wilde).

Materialien und Dessins

Krawatten aus reiner Seide sind für den anspruchsvollen Herrn selbstverständlich. Der Charme einer Seidenkrawatte wird durch keine Synthetikfaser erreicht. Holz- und Lederkrawatten sind indiskutabel. Seide ist selbstverständlicher Luxus. Seide schmückt, ist geschmeidig weich und zugleich von ausreichender Widerstandsfähigkeit, um die Krawattenform zu halten. Die Farbnuancen sanft glänzender Seide sind ohnegleichen. Interessante Materialien entstehen aus der Mischung von Seide und Wolle.

Seidenrips ist durch eine feine diagonal wirkende, quer verlaufende Gabardine-Bindung mit stark strukturierter Oberfläche gekennzeichnet, die selten bedruckt wird. Seidenrips wird für geschmackvolle Unis verwendet: Schwarz für die Trauer, silbergrau für fröhliche Anlässe; alle Farben des Regenbogens für Freizeit und Beruf. Für gewebte Muster wird zumeist ein Ripsfond gewählt. Typische Blazerkrawatten sind die Regimentsstreifen (Regimental stripes) und Wappenkrawatten (Heraldics). Sportclubs, Regimenter, Internate und Universitäten pflegen ihre eigenen Farben und Symbole. Detaillierte Informationen finden sich in: The Book of Public School Old Boys, University, Navy, Army, Air Force & Club ties. Der Ursprung der Club ties geht auf den Cricket-Club I Zangari in Cambridge zurück, der 1845 als erster Sportverein alle Mitglieder mit einer bunten Krawatte ausstattet. Das schottische Familiennamensregister gibt Auskunft über die Farben der Clans und ihrer Karomusterungen.

Crêpe de Chine ist ein Gewebe aus fein gezwirntem Seidenfaden und empfiehlt sich für leicht transparent anmutende, hochelegante Krawatten. Diese feine Seidenqualität empfiehlt sich nicht für gewebte Muster. Die qualitätsvollen Stoffe werden zumeist bedruckt oder uni zu feinem Mohair oder Flanell getragen.

Gumtwill ist ein bedrucktes Twillgewebe aus reiner Seide und zeichnet sich durch besonders feinen Griff aus. Die Oberfläche ist glatt und weitaus feiner als bei Seidenrips-Krawatten. Ein besonders edles Verfahren Gumtwillkrawatten zu bedrucken, ist die Ancient-Madder-Technik. Die Madder-Wurzel gibt einer der ältesten Methoden des Stoffärbens ihren Namen, denn aus ihr wird der rote Farbstoff gewonnen. Heute wird er auf künstlichem Wege hergestellt. Unter Zugabe von Salzen werden in einem hochwertigen Ausrüstungsverfahren wunderschöne Maddertöne erzielt: rot, kastanienbraun, schokolade und terracotta. Die Paisley-Muster (Kaschmir-Muster) der Gumtwill-Krawatten sind orientalischen Ursprungs. Dieses “Kommamuster” erinnert an die Handballen der Menschen, die ursprünglich im indischen Kaschmir-Gebiet Seidenstoffe mit ihren Händen bedruckt haben. In der britischen Kleinstadt Paisley wird dieses orientalische Fruchtbarkeitssymbol kopiert, als die Stoffe aufgrund eines Handelsboykottes nicht mehr aus Indien importiert werden. Gumtwill-

Krawatten werden gern zum sportlichen Sakko getragen und eignen sich weniger für offizielle Anlässe.

Krawatten aus Wolle und Wollgemisch werden aus reiner Schurwolle, Lambswool, Alpaka und Cashmere in unterschiedlichen Mischverhältnissen gefertigt. Aufgrund ihrer weichen Sergebindung sind sie weicher und schmeichelnder als Seidenkrawatten.

Wollqualitäten empfehlen sich zu Sakkos und Anzügen aus sportiven, groberen Stoffen sowie Pullovern mit V-Ausschnitt. Sie eignen sich für Krawatten mit Web- oder Druckmuster.

Mogador-Krawatten mit einer Kette aus Baumwolle und dem Schußfaden aus reiner Seide zeichnen sich in der Ripsbindung durch eine sehr feine, gleichmäßige Oberfläche aus. Die unifarbenen oder gestreiften Mogador-Krawatten brillieren mit einem matten Glanz. Sie werden bevorzugt zu feinen Anzug- oder Sakkostoffen getragen, sind jedoch universell kombinierbar.

Irish-Popeline-Krawatten haben eine lange Tradition. Das Edikt von Nantes veranlaßt im Jahre 1683 französische Hugenotten, zumeist Seidenweber aus Avignon, Lyon und Tours, nach Irland auszuwandern. In Avignon, dem Papstsitz zur Zeit des Schismas, werden im Auftrag des Papstes besondere Seidenstoffe, genannt "Popeline" (franz.: "pape", engl.: "pope"), gewebt. In Irland nehmen die französischen Auswanderer die Produktion des Seidenstoffes Popeline wieder auf. Irish Popeline wird in einem Verhältnis von 50 % Wolle zu 50 % Seide gemischt und aufwendig gewebt. Auf dem Webstuhl bilden die seidenen Kettfäden die Oberfläche des Irish Popeline-Gewebes, das bereits im ungewebten Zustand das spätere Muster zeigt. Der achtmal dickere Schußfaden aus Kammgarn wird nun in Form der Leinwandbindung durch die Kettfäden geschossen. Aufgrund der Dickte des Wollfadens entsteht der Köpercharakter des Irish Popelines. Technisch gesehen ist es jedoch eine Leinwandbindung. Dieser aufwendige technische Webvorgang macht Irish Popeline kostbarer als reine Seidengewebe! Die Oberfläche des vor- und rückseitig gleichen Materials besteht aus reiner Seide, die Wolle als Schußfaden bildet das innere Gerüst des Irish Popelines. Die Wolle nimmt der Seide die leichte Kräuselempfindlichkeit und verleiht dem Gewebe zusätzliche Festigkeit. Bei Trokkenheit kräuselt Irish Popeline geringer als reine Seide. Da Seide und Wolle unterschiedlich auf Wasser reagieren, ist Irish Popeline wasserempfindlich.

Strickkrawatten aus Seide, Wolle, Baumwolle oder Alpaka setzen einen sportlichen Akzent. Strickkrawatten werden zumeist uni getragen, Streifen- und Tupfenmusterungen sind möglich.

Verarbeitung

Edle Krawatten sind Unikate, die in sorgfältigem Einzelzuschnitt und meisterlicher Handarbeit entstehen. Bei der Konfektionierung handgenähter Krawatten ist jeder Arbeitsschritt genauestens durchdacht. Vierzig Arbeitsgänge sind notwendig, um aus einem Stück Stoff eine Krawatte herzustellen. Offensichtlich ist also neben dem Wert der edlen Materialien der Arbeitslohn ein entscheidender Preisfaktor der hochwertig verarbeiteten Krawatte.

Zuschnitt

Hochwertige Krawatten werden in einem Winkel von 45° zugeschnitten. Nur so erhält die Krawatte auf der gesamten Länge eine gleichmäßige Elastizität und bleibt damit formbeständig, ohne sich während des Tragens zu drehen. Auch für den korrekt sitzenden Knoten ist der exakte Zuschnitt aller drei Teile (Vorder-, Hals- und Rückteil) entscheidend. Jacquardgewebe werden einzeln mit Schere oder Messer zugeschnitten, um eine korrekte Dessinanordnung zu gewährleisten. Der Einzelzuschnitt verhindert, daß gewebte Motive auf der Krawattenspitze liegen und ausfransen. Unterknotenmotive können durch den aufwendigen Einzelzuschnitt zentriert werden. Ein weiterer Vorteil des Einzelzuschnitts, den der Kenner zu schätzen weiß: Krawatten mit Streifendessinierung beginnen an der Spitze jeweils mit dem Fond-Streifen.

Einlage und Futter

Die Wahl einer guten Einlagenqualität bietet Gewähr für einwandfreies Knotenbinden und korrekten Sitz der Krawatte. Sie verhindert weitgehend ein Knittern des Oberstoffes nach dem Tragen und sollte deshalb vorzugsweise aus 100 % Wolle oder Wolle mit synthetischer Beimischung bestehen. Die spezielle Gewebemischung der Einlage besteht aus Wolle und Synthetik-Fasern. Der Zuschnitt der Einlagen erfolgt ebenfalls in 45° zum Fadenverlauf. Auf die Einlage wird in dem Teilstück, das den Knoten bildet, ein zusätzliches, schmales "neckband" aus demselben Einlagematerial aufgelegt, um den Knoten leichter binden zu können.

Hohe Präzision ist beim Füttern der Krawatte gefordert. Wie Stoff und Einlage wird das Futter in 45° zum Fadenlauf zugeschnitten. Das korrekte Einnähen des Futters gewährleistet exakte, rechtwinklige Krawattenenden und verhindert ein Verziehen oder Beulen des Oberstoffes oder des Futters. Krawatten aus sehr dünnen, feinen Seidengeweben, wie z. B. Crêpe de Chine, erhalten ein reinseidenes Futter. Es unterliegt dem Vorderteil Teil der Krawatte und verhindert, daß die Einlage durchscheint oder Fasern der Einlage auf der Krawatte sichtbar werden.

Hohlnaht

Im wahrsten Sinne des Wortes sind handgearbeitete Krawatten bestechend genau vernäht.

Zunächst wird der Oberstoff um die Einlage gelegt, zur Naht vorbereitet und mit Stecknadeln fixiert. Eine Arbeit, die ein hohes Maß an Erfahrung und Fingerspitzengefühl erfordert und den endgültigen, einwandfreien Sitz der Krawatte garantiert.

Beim anschließenden Nähen von Hand entsteht eine flexible Naht, die Krawatte und Einlage verbindet. Der sogenannte Hohlnahtfaden wird am Vorderteil fest vernäht und bleibt im Rückenteil der Krawatte unfixiert liegen, um die Elastizität der Krawatte nicht einzuschränken – ein kleines Meisterwerk, das nur in Handarbeit höchste Perfektion erreicht.

Die ebenfalls von Hand gefertigten Riegel schließen die beiden offen verarbeiteten Krawattenenden. Die aus demselben Oberstoff gefertigte Schlaufe zum Einstecken des kleinen Teils ist verstürzt genäht – so kann sie selbst bei hoher Beanspruchung nicht ausriffeln.

Internationale Collectionen

Renommierte Cravatiers belegen mit jeder Krawatte die jahrzehntelange Tradition und Erfahrung ihres Hauses; Voraussetzung für die hervorragende Qualität dieser langlebigen Accessoires. Erlesene Krawatten für höchste Ansprüche stammen von Ascot, Atkinson, Brioni, Carnaval de Venise, Edsor, Givenchy, Lanvin, Leonard, Mila Schön, Oscar Lenius, Santo Stefano, SØR und

Zegna. Aus besten Materialien gefertigt und meisterlich von Hand genäht, garantieren sie einmaligen Sitz und perfekte Eleganz.

Stil

"White Tie" oder "Cravate blanche" bezeichnet die weiße Schleife des Fracks. Mit der Bezeichnung "Black Tie" oder "Cravate noire" wird auf Einladungen ausgedrückt, daß Smoking erwünscht ist. Krawatten gilt es mannhaft zu (er)tragen. Eine gelockerte Krawatte mit geöffnetem Hemdkragenknopf gilt immer noch als " 'degoutant' bis 'anzüglich' und auf jeden Fall 'unmöglich' " (St. Thull). Mit dem Halstuch und der Schalkrawatte stehen dem Herrn, der sich durch die Krawatte beengt fühlt, zwei bequeme Alternativen zur Verfügung, die sich vor allem zur sportlichen Kombination von Hemd, Pullover und Blouson empfehlen. Zu jedem Anlaß bietet das Reich der Krawatte damit eine schmückende Variante.

Fauxpas:

- Gumtwill zum Blazer oder zur offiziellen Kleidung
- Schwarze Schleife zum Frack
- Plastron zum Stresemann oder Umlegekragen
- Krawatte zum Kläppchenkragen
- Gelockerte Krawatte mit geöffnetem Hemdkragenknopf

Stiltabelle	*Form*	*Farbe*
Frack	*Schleife*	*weiß*
Smoking *Dinner-Jackett*	*Schleife*	*schwarz, mitternachts-blau, weinrot, silbergrau*
Cutaway	*Plastron zum Klappenkragen,* *Krawatte zum Umlegekragen*	*silber, grau* *silbergrau, schwarz (Trauer)*
Stresemann	*Krawatte*	*silbergrau, schwarz (Trauer)*
Schwarzer Anzug	*Krawatte, Schleife*	*silbergrau, schwarz (Trauer)*
Halboffizi-eller Anzug	*Krawatte, Schleife*	*schwarz- oder blaugrundig*
Stadt-/Ge-schäftsanzug	*Krawatte, Schleife*	*je farbiger desto sportlicher*
Blazer	*Krawatte, Schleife*	*Regiments-, Clubfarben*
Sportanzug *Sportsakko* *Blouson* *Pullover*	*Krawatte, Schleife, Schalkrawatte*	*erdfarbene Maddertöne, bordeaux, duenkelgrün, dunkelblau, harmonische Abstimmung mit Hemd, Sakko,*

Material	*Dessin*
Piqué	*uni*
Seide	*uni, Ton in Ton*
Seide *Seide*	*uni, dezent gemustert* *uni, dezent gemustert*
Seide	*uni, dezent gemustert*
Crêpe de Chine, Seidenrips	*uni, dezent gemustert*
Seidenrips, Crêpe de Chine, Mogador	*uni, dezent gemustert*
Seidenrips, Crêpe de Chine, Mogador, Gumtwill	*uni, elegante Musterungen, Streifen Paisleys*
Seidenrips, Mogador Irish Popeline, Wolle	*Clubstreifen, Regimentals, Heraldics, Blazermotive*
Seidenrips, Irish Popeline, Gumtwill, Wollkrawatten, Strickkrawatten,	*uni, Streifen Paisleys, diverse Musterungen*

Strickwaren

Historie

Aus dem Zweistromland zwischen Euphrat und Tigris stammen die ältesten schriftlichen Quellen (auf Tontafeln) über 'industriell' organisierte Webereien.

Die Babylonier halten bis zu 27 000 Schafe und unterscheiden bereits verschiedene Qualitäten.

Mit der Erfindung der Schere (Eisenzeit) werden die Tiere geschoren und nicht mehr gerupft.

Karl der Große gibt der industriellen Verarbeitung von Wolle, um 800 n. Chr., entscheidende Impulse. Es werden die ersten Spinnstuben in Deutschland gegründet, das zu dieser Zeit einer der größten Wollproduzenten der Welt ist. 100 Jahre zuvor wurde in Spanien mit der Züchtung des Merinoschafes begonnen. Ausfuhrverbote und Schutzzölle verhindern lange Zeit eine weltweite Verbreitung der Wollproduktion.

Gegen Ende des 18. Jahrhunderts gelangen die ersten Zuchttiere über England nach Australien. Heute ist dieser Kontinent weltweit der größte Wollieferant. Schottland ist Sitz der traditionsreichsten Strickereien und liefert Pullover in alle Welt. Große Namen, wie Peter Scott, Ballantyne und John Laing, begründen den guten Ruf der schottischen Strickwaren.

Material

Wollhaar

Die Eigenschaften des Wollhaares ergeben sich aus seinem Aufbau. Die Feinheit des Haares wird durch die Stärke seiner Kräuselung bestimmt. Stark gekräuselte Wolle nimmt bis zu 40 % ihres Eigengewichts an Feuchtigkeit auf, ohne sich dabei feucht anzufühlen. Sie hält die Körperwärme besonders gut und gibt die Körperfeuchtigkeit langsam nach außen ab, so daß die Verdunstungskälte nicht zum Frieren führt. Hohe Elastizität, Strapazierfähigkeit und Langlebigkeit sind die charakteristischen Eigenschaften der Wolle.

Reine Schurwolle

Reine Schurwolle ist von lebenden Schafen geschorene Wolle.

Lambswool

Nur die erste Schur des Schafes bis zum Alter von einem Jahr wird als Lambswool bezeichnet.

Lambswool-Geelong

Diese Wolle ist nach einer australischen Landschaft benannt. Die Erstschur stammt von bis zu fünf Monate alten Lämmern.

Shetland

Shetland-Wolle ist ein strapazierfähiges, mittelgrobes Material, das von den Schafen der englischen Shetland-Inseln gewonnen wird.

Edelhaare

Cashmere

Der Lieferant für dieses sehr feine, elegante Material ist die in Tibet und China lebende Cashmereziege. Die von Hand ausgekämmten Haare zeichnet besondere Weichheit aus. Die klimatischen Lebensbedingungen sorgen für eine gute Wärmespeicherung der Cashmerewolle. Für die Herstellung eines Pullovers wird die Jahresproduktion von vier bis sechs Tieren benötigt. Die Fadenstärken, z. B. two ply oder four ply, ergeben sich aus mehreren, zusammengedrehten Cashmerefäden. Je höher ihre Anzahl, desto wertvoller, wärmer und strapazierfähiger sind die Cashmerepullover.

Vikunja

Die feinste Wollart der Welt wird von der kleinsten Lama-Rasse gewonnen. Die Wollausbeute beträgt pro Tier etwa 240 g. Die daunenähnliche Weichheit des Halshaares und die geringe Ausbeute machen dieses Material zum kostbarsten textilen Rohstoff der Welt. Der seidenähnliche, feine Charakter eignet sich besonders zur Herstellung von Luxusstrickwaren.

Alpaka

Das im lateinamerikanischen Hochland lebende Lama liefert eine sehr leichte, weiche und wertvolle Wolle. Trotz der großen Feinheit ist sie sehr haltbar, fest und elastisch. Die Färbung des Haares ist schattiert von rötlich-gelb bis braun. Weiße Naturfarben sind besonders kostbar.

Mohair

Die Mohairziege liefert den seidenähnlichen, glänzenden, weichen und leicht gewellten Mohair. Mohair bietet hohen Trage-Komfort.

Kamelhaar

Die Wolle des Charaktertieres der arabischen und nordafrikanischen Wüsten ist leicht gekräuselt, sehr fein und durchschnittlich 6 cm lang. Sie hat eine typische beige-gelbliche Färbung. Die hohen Klimaschwankungen machen das Fell sehr dicht und wärmehaltend. Für die Gewinnung erübrigt sich eine Schur, da das Haar zum Jahreszeitenwechsel ausfällt. Das feine Unterhaar wird zu hochwertigen Textilien verarbeitet.

Angora

Es werden die Flaumhaare des weltweit gezüchteten Angorakaninchens verarbeitet. Das hohe Wärmerückhaltevermögen dieses Materials eignet sich besonders für sehr feine, warme Strickwaren. Ein Tier liefert bis zu 500 g Wolle jährlich, die aufgrund ihrer Glätte schwierig zu verarbeiten ist. Angora wird deshalb häufig mit Merinowolle zu hochwertigen Mischungen versponnen.

Mischung

Alle genannten Wollarten werden sowohl als reine Qualitäten als auch in hochwertigen Mischungen verarbeitet. Das spezifische Gewicht, die Strapazierfähigkeit und gute Pflegeeigenschaften charakterisieren eine qualitätsvolle Mischung.

Strickarten

Rechts/Links

Die Rechts/Links-Strickart eignet sich für alle klassischen Strickwaren. Rechts/Links bedeutet, daß die erste Reihe rechts und die zweite Reihe links gestrickt wird. Optisch ergibt sich daraus eine glatte Oberfläche.

Fadenstärke

Lammwolle oder Cashmere werden in verschieden starken Qualitäten angeboten. Man unterscheidet zwischen Materialien von one ply (einfädig) bis zu eight ply (achtfädig). Selten gibt es mehrfädigere Qualitäten. Die einfädigen Qualitäten sind sehr leicht und eignen sich besonders für sommerliche Strickwaren.

Je höher die Fadenstärke des Pullovers, desto höher die Dichte und Strapazierfähigkeit. Vier- bis achtfädige Strickwaren werden fast ausschließlich zu winterlichen Strickwaren verarbeitet.

Rauten/Intarsien

Als Raute (Intarsie) wird ein auf die Spitze gestellter Rhombus bezeichnet. Rautenmuster können maschinell oder in Handarbeit hergestellt werden. Handgearbeitete Muster werden als Handintarsien (Einlegearbeiten) bezeichnet.

Fancy/Phantasie

Phantasievoll zusammengestellte Muster oder Farben werden unter dem Begriff Fancy zusammengefaßt.

Patent

Dieses Muster ist voluminöser und lockerer gestrickt. Es weist eine typische Längsrippe auf und wird hauptsächlich zu sportlichen Strickwaren verarbeitet.

Fully-Fashion

Diese Strickwaren erhalten bereits bei ihrer Herstellung durch Hinzugeben oder Abnehmen von Maschen ihre angepaßte Form. Da die Ware nicht geschnitten wird, ergibt sich eine hohe Laufmaschensicherheit; es treten auch keine wulstigen, auftragenden Nähte auf, wodurch die Strickwaren eine bessere Paßform haben.

Klassische Farben

dark blue	*dunkelblau*
dark grey	*anthrazit*
mid grey	*dunkelgrau*
flannel grey	*mittelgrau*
burgundy	*weinrot*
scarlet	*rot*
citrus	*gelb*
ice blue	*hellblau*
tartan green	*dunkelgrün*

Formen

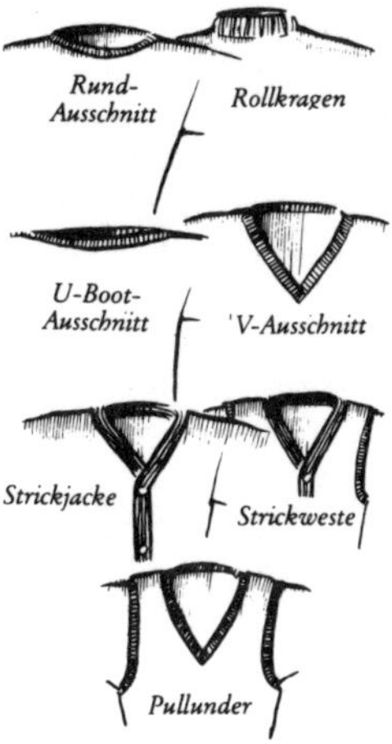

Form	*Material*	*Dessin*
Pullover V-Ausschnitt	*Cashmere, Lambswool, Kamelhaar, Vikunja, Merino, Mohair, Shetland Alpaka, Mischungen*	*uni, gemustert Fancy/Phantasie Rauten/Intarsien*
Pullover Rund-Ausschnitt	*Cashmere, Lambswool, Kamelhaar, Vikunja Merino, Mohair, Shetland, Alpaka, Mischungen*	*uni, gemustert Fancy/Phantasie Rauten/Intarsien*
Pullover Rollkragen	*Cashmere, Lambswool, Merino, Mischungen*	*uni, Rauten/Intarsien*
Pullover U-Boot-Ausschnitt	*Cashmere, Lambswool, Kamelhaar, Vikunja, Merino, Mohair-Shetland, Alpaka, Mischungen*	*uni, gemustert Fancy/Phantasie Rauten/Intarsien*
Pullover V-Ausschnitt	*Cashmere, Lambswool, Merino, Alpaka, Mischungen*	*uni, Rauten/Intarsien*
Strickhemd	*Cashmere, Lambswool, Merino, Mischungen*	*uni, gemustert Rauten/Intarsien*
Strickjacke langer Arm	*Cashmere, Lambswool, Kamelhaar, Vikunja, Merino, Mohair, Shetland, Alpaka, Mischungen*	*uni, gemustert Fancy/Phantasie Rauten/Intarsien*
Strickweste ohne Arm	*Cashmere, Lambswool, Merino, Alpaka, Mischungen*	*uni, Rauten/Intarsien*

Strickart	*Anlaß*	*Kombiniert mit*
Rechts/Links *Patent* *Fully-Fashion*	*Beruf, Freizeit*	*Anzug* *Sakko* *Blazer* *Lederjacke*
Rechts/Links *Patent* *Fully-Fashion*	*Freizeit*	*Sportjacke* *Lederjacke*
Rechts/Links *Fully-Fashion*	*Freizeit*	*Sakko* *Sportjacke* *Lederjacke*
Rechts/Links *Fully-Fasion*	*Freizeit*	*Sportjacke* *Lederjacke*
Rechts/Links *Fully-Fasion*	*Beruf, Freizeit*	*Anzug* *Sakko* *Blazer*
Rechts/Links *Fully-Fashion*	*Freizeit*	*Sportjacke* *Lederjacke*
Rechts/Links *Patent* *Fully-Fashion*	*Beruf, Freizeit*	*Sportjacke* *Lederjacke*
Rechts/Links *Fully-Fashion*	*Beruf, Freizeit*	*Anzug* *Sakko* *Blazer*

Strümpfe

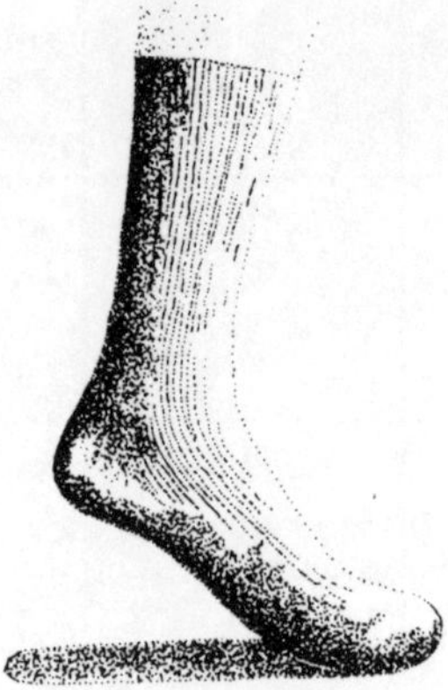

Historie

Die Kultur-Geschichte des Strumpfes hat sich mit der Hosenmode entwickelt. Das Zusammenspiel von Strumpf und Hose prägt die Evolution der männlichen Beinbekleidung. Auch die Wortgeschichte verdeutlicht diesen Zusammenhang. Der Begriff "Strumpf" im Sinne von "Stumpf" und "Rumpf" bezeichnet erst seit dem 16. Jahrhundert das untere Stück der als Ganzes gearbeiteten Beinbekleidung (Hose).

Jahrhundertelang muß der Strumpf durch vielerlei Schlitze und Schnürungen auf Beinform gebracht und mit Bändern ans Obergewand geschnürt werden.

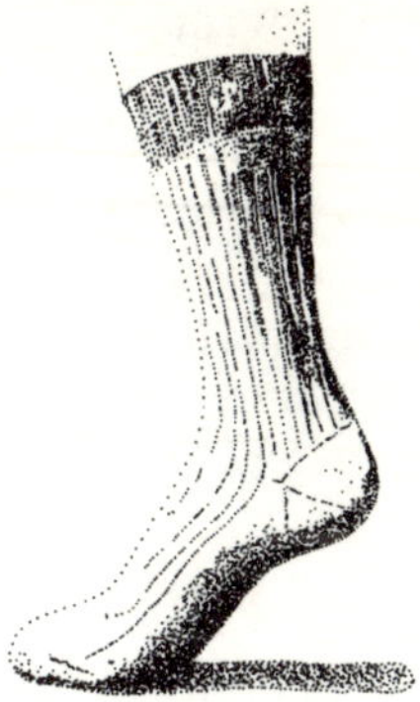

Der Wadenstrumpf ("Soccus") entwickelt sich im 7. Jahrhundert aus den Wadenwickeln und Beinbinden der Germanen. Im 9. Jahrhundert wird er bis über das Knie verlängert und mit Bändern an der Hose befestigt. Länge und Form der Strümpfe korrespondieren in den folgenden Jahrhunderten mit dem Schnitt der jeweiligen Hose.

Materialien

Hochwertige Socken sind grundsätzlich nicht stück-, sondern garn- oder zwirngefärbt. Normalerweise werden 2 × 2 Zwirne verarbeitet (4-fach Zwirn). Bei bestimmten Materialien werden jedoch bis zu 16 Zwirne verarbeitet, um ein dichtes Warenbild zu erhalten und damit die Verschleißintensität zu senken. Diese hohe Materialintensität, z. B. beim Seidenstrumpf, begründet u. a. den Wert einer qualitätvollen Socke.

Seide

Seidenstrumpf ist nicht gleich Seidenstrumpf. Entscheidend ist, wievielfach er gezwirnt ist. Auch die Seidenqualität als solche ist zu unterscheiden: Neben der hochwertigen Realseide gibt es die billige “Schappesseide” (wiederverwertete Gebrauchtseide, vergleichbar Reißwolle).

Wolle

Nur die strapazierfähige Wolle des Merinoschafes ist für den stark beanspruchten Strumpf wirklich geeignet. Andere Wollsorten, z. B. Alpaka, sind zu weich und zu flauschig in ihrer Konsistenz. Mit “Super 100” werden die hochwertigsten Merino-Wollsocken bezeichnet.

Cashmere

Auch Cashmere hat eine offene Konsistenz und ist nicht besonders strapazierfähig, jedoch äußerst tragekomfortabel und zugleich die wärmendste Socke. Es empfiehlt sich jedoch eine Polyamid-Beimischung, um die Strapazierfähigkeit zu erhöhen.

Polyamid

Das Polyamid ist in der Faser beigemischt und bildet den Kern des Zwirnes, ist somit von der Naturfaser ummantelt, d. h. die Haut des Trägers kommt in keinen Kontakt mit der Synthetikfaser. Diese dient darüber hinaus ausschließlich der Strapazierfähigkeit und damit der längeren Lebensdauer des Strumpfes. 20 % Polyamid-Beimischung erhöht die Nutzungsdauer der Socke ca. um das 4-fache. Die Synthetikfaser befindet sich also nicht nur in Spitze und Ferse, sondern im gesamten Strumpf, da sie schon in der Flocke mit versponnen ist. Ferse und Spitze sind jedoch die am meisten beanspruchten Sockenteile; deshalb ist dort die Polyamid-Beigabe besonders notwendig.

Wollsocken können auch mit Baumwolle verstärkt werden. Dies führt jedoch nicht zu der Stabilisierung, die durch die Kunstfaser erreicht wird. Es handelt sich hierbei jedoch um ein reines Naturprodukt. Natürlich können Wollsocken auch völlig ohne Verstärkung verarbeitet werden, dies führt jedoch zu einer höheren Verschleißanfälligkeit.

Baumwolle

Hochwertige Baumwollsocken werden aus Karnak-Zwirnen gefertigt. Karnak ist ein Bezirk in Oberägypten. Hier wird aufgrund der klimatischen Vorzüge eine der hochwertigsten Baumwollen weltweit produziert. Karnak-Baumwollen sind besonders langstapelig und für die Produktion von Strümpfen geeignet. Die Zwirne sind hochgedreht und werden mehrfach verwandt. Hochwertigste Baumwollsocken tragen die Bezeichnung “Sea-Island”.

Wolle ist wärmender als Baumwolle; Baumwolle ist langlebiger als Wolle und strapazierfähiger als Seide und Cashmere. Das Wärmeverhalten des Strumpfes wird nicht durch die Dicke des Materials, sondern durch die Dichte des Maschenbildes bestimmt. Ein sehr feiner Strumpf kann aufgrund der Dichte des Maschenbildes wärmender sein als ein "dicker" Strumpf, der nicht so dicht gestrickt ist.

Farben und Dessins

Bereits 1744 formuliert Zedler in seinem Universallexikon den Grundsatz, daß die Strumpffarbe mit der des Tuches übereinstimmen und harmonieren sollte. "Meergrüne, kirschbraune, purpurrote und umbrafarbene" Strümpfe werden empfohlen. Grundsätzlich sollte der Strumpf dunkler als die Hose sein. Je offizieller der Anlaß, desto dunkler die Socke.

Mit einem Strumpf im klassischen Schwarz ist der Herr immer gut gekleidet. Ein grober Fauxpas ist der weiße Strumpf: er bleibt ausschließlich Ärzten und Sportlern im Training vorbehalten. Für Freizeit und weniger offizielle Businessanlässe sind auch originell gemusterte Strümpfe geeignet. Dies muß jedoch nicht so weit gehen wie beim berühmten Maler David Hockney, der stets zwei verschiedenfarbige Strümpfe trug.

Eines der wohl bekanntesten Dessins ist das Argyle-Karo; ein traditionsreiches schottisches

Muster mit typischer Diamantform, ursprünglich aus Kilt-Stoffen quer geschnitten.

Formen und Rippen

Entsprechend der Schaftlänge werden Kurzsocke (15 cm), Fesselsocke (29 cm), Wadenstrumpf (38 cm) und Kniestrumpf (über 50 cm) unterschieden. Socken mit kurzer Schaftlänge sind der Freizeit vorbehalten. Der Business-Alltag und offizielle Anlässe erfordern den Kniestrumpf. Selbst bei übergeschlagenen Beinen darf kein Stück Wade "blitzen".

Im Gegensatz zu den landesspezifisch unterschiedlichen Größenläufen der Schuhe ist der Größenverlauf für Socken international:

Deutsche Schuhgröße	Internationale Strumpfgröße
39 – 40	10
40,5 – 41,5	10,5
42 – 43	11
43,5 – 44,5	11,5
45 – 46	12
47 – 48	13

Bei der richtigen Paßform ist nicht nur auf die Fußgröße selbst zu achten, sondern auch auf die Wadenstärke. Bei einer breiten Wade wird ein größerer Strumpf gewählt. Nach ein bis zwei Wäschen schrumpft der Strumpf um ca. 1/2 Größe.

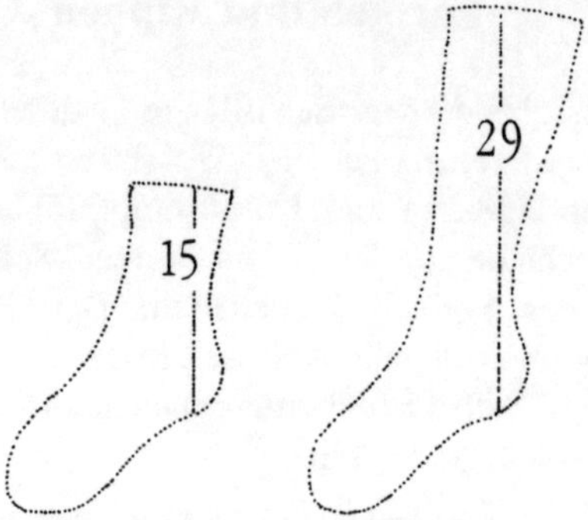

Kurzsocke Fesselsocke

Allgemeingültig sind die 1/1 Rippe (1 hoch, 1 tief) und der klassische Rippstrumpf (4 hoch, 2 tief). Der eleganteste Strumpf ist der rein links gestrickte (nur linksseitige Maschen) ohne Rippen. Darüber hinaus sind alle möglichen Rippstrukturen denkbar. Grundsätzlich gilt: je breiter die Rippe, desto sportlicher der Strumpf.

Verarbeitungstechniken

Nähen

Ursprünglich wurden Strümpfe aus Leder, Seide, Leinen oder Wolltuchen zusammengenäht. Diese Verarbeitungstechnik des Zuschneidens und Nähens von Strümpfen ist auch im 18. Jahrhundert noch verbreitet.

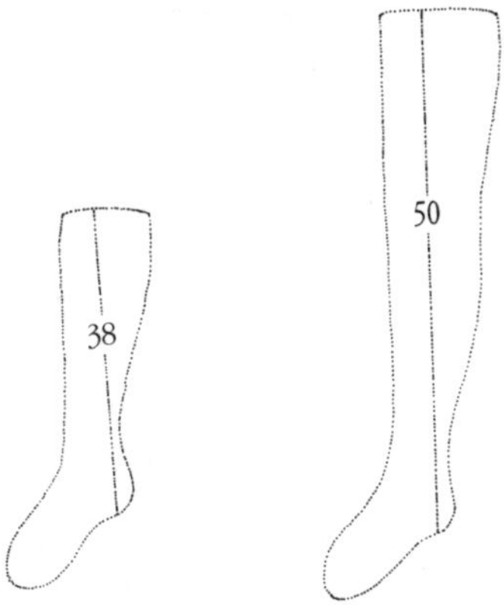

Wadenstrumpf Kniestrumpf

Handstricken

Die Verarbeitungstechnik des Handstrickens ist zwar bereits in der Antike nachzuweisen, geht jedoch später verloren und wird erst im späten Mittelalter (ca. 13. Jahrhundert) wiederentdeckt.

Weite Verbreitung erlangt das Handstricken dann im 16. Jahrhundert. Strümpfestricken wird für die Hausfrau, aber auch für den Schafhirten und Wachsoldaten zu einer beliebten Nebenbeschäftigung.

Wirken

Mit der Erfindung der mit feststehenden Hakennadeln konzipierten Wirkmaschine durch den englischen Pastor William Lee im Jahre 1589 ist der Weg frei für den elastischen, bequemen Strumpf. Gewirkte Strümpfe sind im Gegensatz zu gewebten Stoffen dehnbar und entsprechen damit der Bewegungsdynamik des Fußes. Bald entsteht die Zunft der professionellen Strumpfwirker. Wer mangelhafte Strümpfe wirkt, wird "Stümperer" genannt. Noch im 18. Jahrhundert werden die einzelnen Partien des Strumpfes – Beinstück, Sohle, Ferse und Blatt – getrennt gewirkt und dann zusammengenäht.

Maschinelles Stricken

1867 erfindet der Amerikaner Lamb einen Strickautomaten, der mit beweglichen Zungennadeln arbeitet.

Fertigungsschritte

Strickerei

Heute wird der Strumpf im Schlauch gestrickt, d. h. in den einzelnen Partien vom eingelegten Gummirand über den Schaft zur unsichtbaren Hochferse (Qualitätsmerkmal!), Ferse, Sohle und zum Blatt bis zur Spitze in einem Stück. Die Spitze ist wie die Ferse verstärkt, weil hier die Hauptabreibungspunkte sind. An der Spitze bleibt in diesem Arbeitsvorgang die Socke geöffnet.

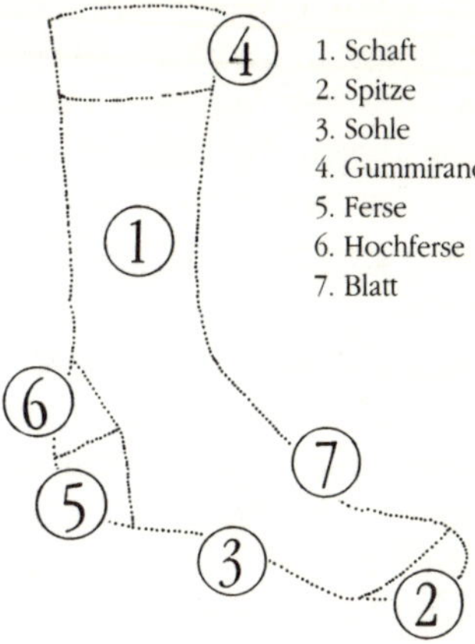

1. Schaft
2. Spitze
3. Sohle
4. Gummirand
5. Ferse
6. Hochferse
7. Blatt

Kettelei

Der Schlauch wird manuell vom nächsten Strumpfschlauch getrennt. Dies könnte auch maschinell durch eine Absaugvorrichtung geschehen, würde jedoch zu Qualitätseinbußen führen, wenn der Kettelfaden reißt. Der manuell abgetrennte Strumpfschlauch wird dann an der Spitze gekettelt. Dabei wird jede Masche von Hand auf die Kettelnadeln aufgestoßen. Vorteil: Der Mensch erkennt besser die Unregelmäßigkeiten im Maschenbild und kann diese beim Kettelvorgang berücksichtigen. Insbesondere bei feinmaschigen Strümpfen ist eine rein maschinelle Verarbeitung ohnehin nicht möglich. Rein maschinelle Verarbeitung kennzeichnet billige Strumpfprodukte und ist nur bei gröberen Strickteilungen möglich. Bei der rein maschinellen Variante kann nicht vom Ketteln, sondern vom Vernähen gesprochen werden. Das Vernähen kann zu Wulsten an der Spitze führen. Nachteil: Reibungsverluste und geringer Tragekomfort.

Heute werden Socken "all-over" in einem Stück produziert und "fully-fashioned" konfektioniert. Nur die Spitze muß noch durch die Kettelnaht geschlossen werden. Früher mußten auch der Schaft (Beinstück) und die Ferse gekettelt werden. Billige Strümpfe werden heute 'uni-sized' gefertigt. SØR-Socken hingegen sind größenspezifisch gestrickt und werden auf weitendifferenzierten Fertigungszylindern produziert. Dies bedeutet deutlich kleinere Losgrößen und höhere Produktionskosten. Zugleich führt dies zu einer deutlich besseren Paßform als bei uni-sized-Strümpfen. Wird erst im nachhinein die Größe eingeformt, führt dies zu einer Überdehnung der Maschen und damit zu einer größeren Verschleißintensität.

Formerei

Der pro Größe gestrickte Strumpf wird entsprechend seiner Sorte und Größe in feuchtem Zustand auf eine vorgeheizte Form (45°) gezogen. Bei billiger Fertigung wird der Formerei-Prozeß mechanisch durchgeführt (Materialschädigungen!), bei SØR-Socken von Hand: Die Handformerei hat den Vorteil, daß ein Fachmann jeden Strumpf bezüglich seiner Paßform kontrolliert und manipuliert. Diese offensichtliche Reduktion der Fehlerquellen durch eine penible Endkontrolle zeichnet die Qualitätssocke aus.

Internationale Collectionen

Handgekettelte Qualitätssocken aus besten Materialien werden von Calze Gallo, Oscar Lenius, Perl und SØR angeboten.

Fauxpas:

- Weiße Strümpfe zu beruflichen oder offiziellen Anläßen
- 'Blitzende' Waden

Anlaß	*Strumpf zum*	*Material*
Official	*Frack*	*Seide (feinste Wolle)*
	Smoking	*Seide (feinste Wolle, Baumwolle)*
	Dinner-Jackett	*Seide (feinste Wolle, Baumwolle)*
	Cutaway	*Seide (feinste Wolle, Baumwolle)*
	Stresemann	*Seide (feinste Wolle, Baumwolle)*
	Schwarzer Anzug	*Wolle (Baumwolle, Seide)*
	Halboffizieller Anzug	*Wolle, (Baumwolle, Seide)*
Business	*Stadt- und Geschäftsanzug*	*Wolle, Baumwolle, Cashmere*
	Blazer	*Wolle, Baumwolle, Cashmere*
	Sportanzug	*Wolle, Baumwolle, Cashmere*
Casual	*Sportsakko*	*Wolle, Baumwolle, Cashmere*
	Blouson	*Wolle, Baumwolle, Cashmere*
	Pullover	*Wolle, Baumwolle, Cashmere*

Farbe/ Dessin	*Rippe*	*Schaftlänge*
schwarz	*ohne Rippe*	*Kniestrumpf*
schwarz mitternachtsblau	*ohne Rippe 1/1 Rippe*	*Kniestrumpf*
schwarz	*ohne Rippe 1/1 Rippe*	*Kniestrumpf*
schwarz	*ohne Rippe 1/1 Rippe*	*Kniestrumpf*
schwarz	*ohne Rippe 1/1 Rippe*	*Kniestrumpf*
schwarz	*ohne Rippe 1/1 Rippe*	*Kniestrumpf*
schwarz, blau, grau, anthrazit	*ohne Rippe 1/1 oder 4/2 Rippe*	*Kniestrumpf Wadenstrumpf*
uni, dunkler als Hose	*ohne Rippe 1/1 oder 4/2 Rippe*	*Kniestrumpf Wadenstrumpf*
uni, kleingemustert, Argyle	*1/1, 4/2 Rippe*	*Kniestrumpf Wadenstrumpf Fesselsocke*
uni, kleingemustert Argyle	*1/1, 4/2 Rippe breite Rippe*	*Kniestrumpf Wadenstrumpf Fesselsocke*
uni, kleingemustert, Argyle	*1/1, 4/2 Rippe breite Rippe*	*Kniestrumpf Wadenstrumpf Fesselsocke*
uni, kleingemustert, Argyle	*1/1, 4/2 Rippe breite Rippe*	*Kniestrumpf Wadenstrumpf Fessel-, Kurzsocke*
uni, kleingemustert, Argyle	*1/1, 4/2 Rippe breite Rippe*	*Kniestrumpf Wadenstrumpf Fessel-, Kurzsocke*

Schuhe

Historie

Schuhe haben die Menschen von Anbeginn an begleitet. Nicht nur als strapazierfähiger Schutz für die Füße, sondern auch im Hinblick auf die kultische und religiöse Bedeutung: Der Schuh ist Sinnbild von Macht, Herrschaft und Würde.

Die ersten Schuhe der Menschheit erkennt man auf Höhlenmalereien: Die Urmenschen tragen Felle, die mit Riemen um die Füße gewickelt werden. Bereits die Ägypter fertigen vor über 3000 Jahren Sandalen aus Stroh- und Palmblättern; in alten Etruskergräbern finden sich die Reste von Holzsandalen.

Für die Entwicklung der Schuhe im Abendland ist aber nicht die Sandale der Antike, sondern der absatzlose Schnabelschuh des Orients Ausgangspunkt. Im 16. Jahrhundert kommen sehr breite, flache Entenschnabel-Schuhe in Mode, danach werden spanischem Vorbild entsprechend slipperartige Schuhe getragen. Gegen Ende des 16. Jahrhunderts finden sich die ersten Abbildungen von Schuhen mit Absatz. Praktisch ist diese Neuentwicklung insbesondere für Reiter und Krieger: verhindert der Absatz doch das Herausrutschen der Schuhe aus dem Steigbügel.

Im 17. und 18. Jahrhundert trägt der Herr von Welt hohe Stulpenstiefel: eine Mode, die an kriegerische Traditionen anknüpft. Die Unterscheidung von rechtem und linkem Schuh setzt sich erst Anfang des 19. Jahrhunderts durch.

Seit dieser Zeit haben innovative Manufakturen den klassischen und noch heute modernen Kanon der Herrenschuhe entwickelt.

Material

Kalbsleder (Boxcalf)

Kalbsleder ist die allgemein am häufigsten verwendete Lederqualität. Es zeichnet sich durch hohe Widerstandsfähigkeit selbst bei sehr geringen Stärken aus. Die weichste und leichteste Qualität gewinnt man aus den Häuten europäischer Kälber aus den Alpenregionen. Sie werden mit natürlichen, sorgfältigen Gerb- oder Färbemethoden bearbeitet.

Ziegenleder (Chevrau)

Ziegenleder ist weitaus feiner, leichter und dünnhäutiger als Kalbsleder. Es bekommt jedoch schnell Gebrauchsfalten und bricht leichter.

Peccary

Peccary ist das Leder von freilebenden Wasserschweinen. Dieses Leder ist weich, anschmiegsam und atmungsaktiv. Die besten Peccaryqualitäten kommen aus Südamerika.

Hirschleder

Dieses Leder wird aus der Haut wildlebender Tiere gewonnen. Es ist besonders weich, griffig, strapazierfähig, flexibel und hat eine ausgeprägte Körnung; Eigenschaften, die auch im Laufe der Zeit erhalten bleiben.

Cordovan (Pferdeleder)

Cordovan gehört zu den wertvollsten Lederarten überhaupt – darum werden aus Cordovan nur wenige klassische Schuhmodelle gefertigt. Cordovan ist ein volles, geschmeidiges Leder aus dem Hinterlauf des Pferdes.

Lackleder

Lackleder ist zumeist ein Kalbsleder, das mit einer glänzenden Lackschicht überzogen wird. Früher benutzte man dazu eine Leinöl-Mischung, heute verarbeitet man einen Kunststofflack.

Veloursleder (Rauhleder)

Veloursleder wird irreführender Weise oft als 'Wildleder' bezeichnet. Unter Wildleder versteht der Fachmann jedoch Leder aus den Häuten wildlebender Tiere wie Hirsch, Elch, Büffel usw.

Treffender ist deshalb der Begriff Veloursleder (Rauhleder). Veloursleder entsteht, wenn die Rückseite der gegerbten Haut geschliffen wird, bis sie ein samtartiges Aussehen annimmt.

Exotenleder

Die Lederherstellung ist nicht allein auf europäische Zuchttiere beschränkt; auch aus Häuten exotischer Tiere wie Schlangen, Vogelsträuße, Eidechsen, Krokodilen, Echsen, Elefanten, Rhinozerossen und Fischen (Karpfen, Haifisch) kann man feinstes Leder für Schuhe gewinnen. Diese Ledersorten werden auch für Schuhapplikationen verwendet.

Farbe

Die Farbskala für den klassischen Herrenschuh reicht von schwarz über braun zu bordeaux. Zur Freizeitkleidung paßt auch ein blauer Schuh.

Zweifarbige Schuhe (schwarz-weiß, blau-weiß, braun-weiß) sind ebenso sportlichen Anlässen (z. B. Golf) vorbehalten wie Schuhe aus Leder und Textil (Glencheck, Schottenkaros).

Fauxpas:

Zweifarbige Schuhe für Business-Anlässe

In jedem Fall ist am Abend ein schwarzer Schuh die richtige Wahl. Die Grundregel für den englischen Gentleman lautet: “Never wear brown after six”.

Form

Offizieller Schuh

Der offizielle Schuh ist traditionsgemäß schlicht schwarz, völlig ohne Ziernähte oder Lochungen. Die klassischen formellen Schuhe sind Slipper und Schnürschuhe aus feinem, poliertem Kalbsleder oder Lack und der Lack-Pump.

Der Lack-Pump taucht als reiner Herrenschuh zuerst in den Ballsälen der feinen Pariser Gesellschaft des 19. Jahrhunderts auf. Erst zu Beginn des 20. Jahrhunderts wird der Pump zu einem klassischen Damenschuh.

Oxford-Schuh

Heute ist der Oxford die klassische Ergänzung zum offiziellen Geschäftsanzug. Aber das ist nicht immer so gewesen: Denn im 19. Jahrhundert trägt der Herr von Welt hohe oder halbhohe Stiefel – und zwar winters wie sommers. Die rebellischen Studenten des Oxford College sind die ersten, die meinen, daß solch eine Schuhbekleidung nicht mehr zu ihrem Stil passe und verwirklichen ihren eigenen Schuhgeschmack: einen tief ausgeschnittenen, geschnürten Halbschuh. Zu Beginn als skandalös verdammt, setzt sich der 'Oxford-Schuh' um 1860 als Sommerschuh durch. Wagemutige tragen ihn sogar im Winter, wenn auch mit einer praktischen und stilvollen Gamasche.

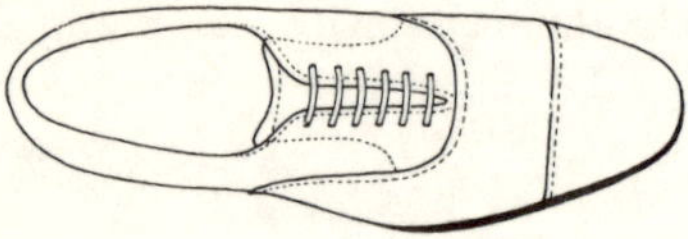

Erst in den frühen zwanziger Jahren unseres Jahrhunderts kommen dick besohlte Oxford-Schuhe mit Schutzrändern in Mode, die auch schlechtem Wetter trotzen. Seitdem ist der klassische, schlichte Oxford-Schuh aus keiner Herrenausstattung mehr wegzudenken.

Wing-Tip

Im Gegensatz zu anderen klassischen Herrenschuhen, die gerade durch zeitlose schlichte Eleganz bestechen, zeigt sich der Wing-Tip mit vielen kleinen, aufwendigen Dekorationen. Typisch sind die wie ein Wing-Tip (Flügelschlag) geschwungenen Nähte an der Schuhspitze und die dekorativen Lochungen.

Der Wing-Tip ist heute ein typischer Business-Schuh und das, obwohl seine Ursprünge bei den Damen der viktorianischen Zeit liegen, die mit Vorliebe Filzschuhe trugen, auf deren Spitze zur Verstärkung geschwungene Lederkappen genäht waren.

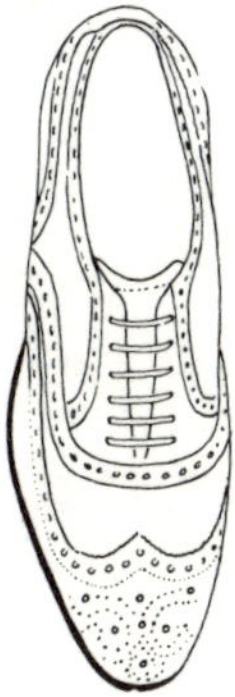

Brogue

Auch der Brogue zählt mit seiner geschwungenen Flügelkappe zu den Wing-Tips. Seine Entstehungsgeschichte führt zu Königin Viktoria selbst: Nachdem sie im Jahr 1852 das Schloß Balmoral gekauft hat, entwickelt sie eine Vorliebe für lange Spaziergänge durch das rauhe Schottland. Große schwere Schuhe mit doppelt gearbeiteten Nähten, die schottischen Brogues, entstehen daraus. Etwa um 1905 wird in England eine ‘verstädterte’ Version der Brogues mit kleinen Loch-Ornamenten populär.

Heute unterscheidet man Full-Brogues und Half-Brogues. Beim ganzperforierten Full-Brogue laufen die gelochten Ziernähte durchgehend in einem Stück von der Fußkappe bis zur Ferse. Beim halbperforierten Half-Brogue treffen die Ziernähte etwa in Höhe der Schnürung auf die Sohle. Half-Brogue sind also nur vorne und nicht auch hinten perforiert.

Der Derby ist sportlicher als der Oxford. Die beiden Seitenteile (Quartiere) liegen über dem Blatt. Die Seitennähte verlaufen beim Derby geschwungen.

Budapester

Heute wird allgemein jeder Herrenschuh mit einer ornamentalen Lochmuster-Verzierung Budapester genannt. Dies ist aber nur bedingt richtig, denn der klassische Budapester unterscheidet sich von anderen Herrenschuhen mit gelochten Ziernähten wie Full-Brogue oder Half-Brogue durch die höhere Zehenkappe und die breitere Leistenform. Der Budapester kommt – wie der Name schon sagt – ursprünglich aus Ungarn und hat seinen Weg im 18. und 19. Jahrhundert über Wien bis ins Zentrum der klassischen Schuhmode, nach England, gefunden.

Mokassin

'Sitting Horse' und 'Running Bull' gelten als tapfere und mutige Indianerhäuptlinge mit ihrem imposanten Kriegsschmuck, ihren scharfen Speeren und ihrem strapazierfähigen Schuh aus weichem Leder, der die Füße zuverlässig schützt: dem Mokassin. Der Mokassin ist aber nicht nur eine praktische Notwendigkeit, sondern er hat auch eine kultische Bedeutung: So besitzt jeder Irokesen-Stamm eine bestimmte Mokassin-Art mit eigenen Verzierungen. Das Tragen dieser Mokassins bedeutet, die Sitten und Gebräuche dieses Stammes anzuerkennen. Gefangenen hat man darum die Mokassins des eigenen Stammes angezogen, um sie gefügig zu machen.

Die ersten Siedler haben sehr schnell die Vorteile dieses leichten und strapazierfähigen Schuhs erkannt. Es hat nicht lange gedauert, bis man ihn auch nach England exportiert hat. Britische Schuhmacher entwickeln dort den Mokassin-Stil weiter: Auch Tassel-loafer, Penny-loafer und Kiltie zählen zu den Mokassins. Den typischen Tassel-loafer erkennt man an den beiden Troddeln ('tassels'); der Schlitz auf dem Riegel des

Penny-loafer nimmt den 'letzten Pfennig' auf. Erkennungsmerkmal für den Kiltie ist der Fransenschmuck (Haferl-Lasche). Die Haferl-Lasche ist nicht mit dem aus einem Stück gefertigten seitlich geschnürten Haferl-Schuh zu verwechseln.

Von diesen drei amerikanischen Mokassintypen ist der geschnürte norwegische zu unterscheiden, dessen traditionelle Form auf die Lappen zurückgeht.

Monk

Die Ursprünge des Monk gehen weit zurück bis in das 15. Jahrhundert. Zu dieser Zeit entwirft ein Mönch in einem Alpenkloster einen Schuh mit einem seitlichen Schnallriemen. Das bedeutet eine ungeheure Verbesserung der Schuhpaßform.

Im 16. und 17. Jahrhundert werden diese Schuhschnallen reich verziert und von vermögenden Edelmännern mit Gold und Edelsteinen besetzt.

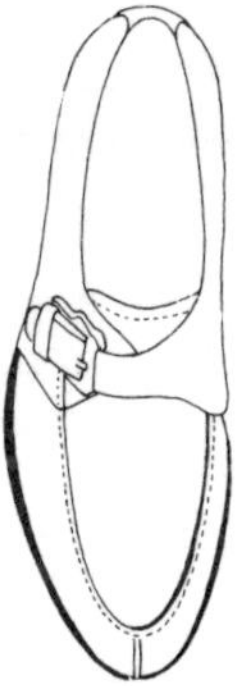

Um 1929 wird der Schnallenschuh wieder modern und wegen seines Ursprungs Monk genannt.

Bootsschuh

Die charakteristischen Eigenschaften des originalen Bootsschuhes sind: wasserabweisendes, geöltes Kalbsleder, rutschfeste, helle Gummisohle und typische Rohleder-Schnürung. Der Bootsschuh erfüllt immer noch die harten Bedingungen an einen Schuh, der sicheren und festen Tritt auch auf rutschigem Bootsdeck garantieren muß. Der Bootsschuh wird aber nicht mehr nur auf Booten oder Yachten getragen – heute ist er die unverwüstliche Ergänzung der Freizeitkleidung.

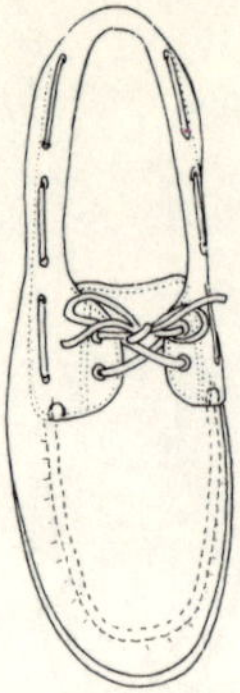

Verarbeitung

Schuhe der bedeutenden Marken – Allen Edmonds, Church's und SØR – werden in den besten Werkstätten der Welt nach alter handwerklicher Tradition gefertigt. Pro Schuh sind je nach Modell zwischen 200 und 240 verschiedene Arbeitsschritte notwendig. Diese aufwendigen Goodyear-Verfahren unterscheiden den rahmengenähten klassischen Qualitätsschuh von geklebten 'Tretern'.

'Rahmengenäht' bedeutet: Der Schaft wird sorgfältig an die Lederbrandsohle angenäht; auf das übliche Stahlgelenk im Schuh wird deshalb von manchen Schuhmachern verzichtet. Die Schuhe sind zumeist vom ersten Tragen an bequem und müssen nicht erst eingelaufen werden. Der Fuß kann natürlich abrollen, Fuß- und Beinmuskeln werden beim Gehen richtig trainiert und entspannt.

Die Lederlaufsohlen werden mit Eichenlohe gegerbt, einer langwierigen, intensiven und höchsten Qualitätsansprüchen gerecht werdenden Gerbart. Vorteil: geringer Verschleiß und lange Lebensdauer.

Unter dieser Lederbrandsohle ist der Schuh auf ganzer Länge mit Kork ausgeballt. Der Fuß kann sich so im Laufe der Zeit sein eigenes Fußbett formen, außerdem wirkt die Korkschicht temperaturausgleichend.

Edle Schuhe werden mit hochwertigem Wasserschweinsleder gefüttert und der Anatomie des Fußes bestens angepaßt. Das garantiert einen hohen Tragekomfort und lange Haltbarkeit.

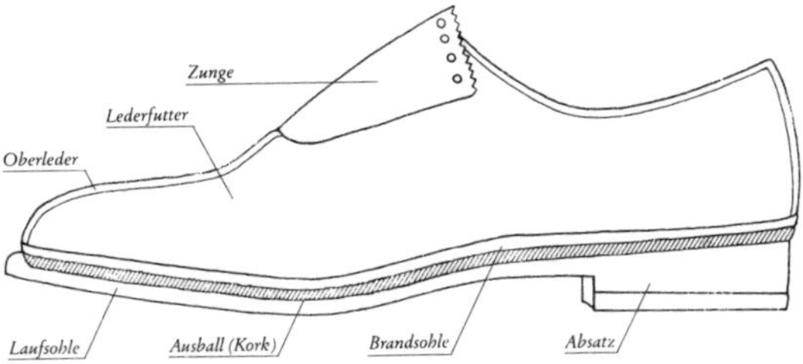

Form	*Typ*	*Material*
Formeller Schuh	*Pump*	*Lackleder*
	Schnürschuh *Slipper*	*Lackleder*
	Schnürschuh *Slipper*	*Lackleder*
Oxford *Budapester*	*Schnürschuh*	*Pferdeleder* *Kalbsleder* *Peccaryleder* *Hirschleder* *Wildleder*
Monk	*Schnallenschuh*	*Pferdeleder* *Kalbsleder* *Hirschleder*
Mokassin	*Penny-loafer* *Tassel-loafer* *Kiltie*	*Pferdeleder* *Kalbsleder* *Hirschleder*
Bootsschuh	*Schnürschuh*	*geöltes* *Kalbsleder*

Farbe	*Anlaß*	*Kleidung*
schwarz	*Empfang (Abend), Ball, Theater*	*Smoking Dinner-Jackett*
schwarz	*Empfang, Theater, Ball*	*Frack Smoking Dinner-Jackett*
schwarz	*Empfang, Theater, Ball*	*Cutaway Stresemann Smoking Dinner-Jackett*
schwarz bordeaux braun	*Business*	*Businessanzüge Sakko-Kombination Blazer*
schwarz bordeaux braun	*Tageskleidung*	*Sakko-Kombination sportive Tageskleidung*
schwarz bordeaux braun	*sportiv*	*Freizeitkleidung Sakko-Kombination Blazer*
marine weiß braun	*Freizeit*	*Casualwear Wassersport*

Schirm

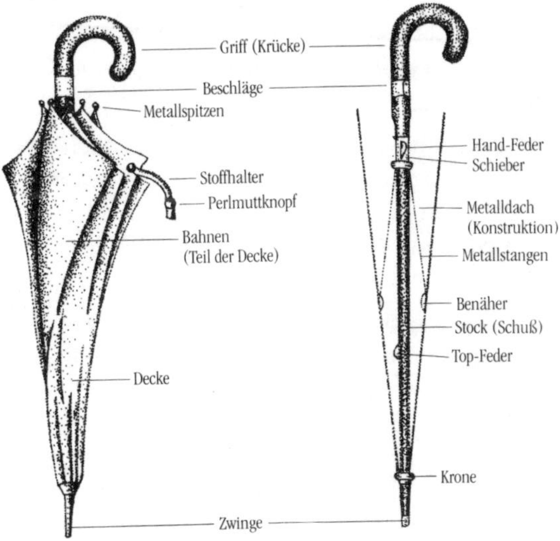

Der klassische Regenschirm

Historie

Schirm, Charme und Melone – offensichtlich ist der Schirm nicht nur ein Schutz gegen die Unbilden des Wetters, sondern für so manchen Zeitgenossen Ausdruck einer Weltanschauung. Sind die Briten auch als Sachwalter maskuliner Tradition bekannt, gelten sie trotz des feuchten Klimas auf der "Insel" nicht als Erfinder des Schirms (engl.: umbrella).

Die lateinische Wurzel "umbraculum" (schattiger Platz) führt uns auf die richtige Fährte ins sonnige Reich der Mitte. Dort nutzen die erfindungsreichen Chinesen den Schirm bereits 2000 Jahre v. Chr. als Sonnenschirm und Hoheitszeichen. Schnell verbreitet sich das praktische Utensil nach Japan und Indien über den ganzen Kontinent.

Gekrönte und ungekrönte Häupter wählen den Sonnenschirm zur Insignie ihrer Macht. Bezeichnenderweise wird noch im 19. Jahrhundert der Herrscher von Birma "Herr des großen Sonnenschirms" genannt.

Bereits in der Antike (5. Jahrhundert v. Chr.) findet sich der Regenschirm in Griechenland und Italien. Mittelalterliche Belege sind selten – erst im 16. Jahrhundert erlebt dieser antike Nutzgegenstand seine Renaissance und wird 1620 erstmalig in Frankreich und England erwähnt. Der Kontinent entdeckt den Schirm nicht nur als hellen, fransenverzierten Sonnenschutz (franz.: parasol), sondern zunehmend als Regenschirm aus dunklem Leder und Wachstuch. Anfang des 20. Jahrhunderts verliert der Sonnenschirm an Bedeutung – der helle Teint ist nicht mehr gefragt. Schirm bedeutet seither zumeist "Regenschirm" und wird zum Inbegriff des angelsächsischen Gentleman: "All men are equal. All men, that is, who posses umbrellas" (E.M. Forster).

Materialien

Hölzer

Das Bambusrohr *Malacca* stammt aus den Bergen Sumatras und wird nach mehrmaligem Polieren lackiert. Dieses zur Zeit aus Japan gelieferte weiche Edelholz wird für elegante, offizielle Schirme verarbeitet.

Die Japaner liefern *Bambus* (Whangee) für helle solide Schirmkrücken.

Ein wunderschönes, zart-rötliches Holz aus Indonesien ist *Rosenholz* für elegante Krücken.

Walnußholz oder Walnut, aus Großbritannien stammend, ist dunkelbräunlich und eigenwillig strukturiert.

Optisch zartfarben sind das harte *Apfelholz* und die *Kastanie* aus Großbritannien.

Leicht rötlich und zart strukturiert ist das *Kirschholz* (Cherry) aus Österreich.

Esche und *Eiche* aus Großbritannien liefern harte Hölzer als solide Basis für klassische Einstockschirme. Die ebenfalls großporige *Haselnuß* ist weicher und für Krücken bestens geeignet.

Schwedische Birke ist ein besonders elastisch-biegsames Holz und eignet sich daher bestens für den Schuß.

Auch Nordamerika liefert Hölzer mit eigenem Charme. *Ahorn* und *Nußbaum* sind beliebte Hölzer für Krücke und Schuß. *Zypressenholz* ist weicher und deshalb bestens für Krücken geeignet.

Ahorn, Nußbaum, Apfel, Kastanie, Esche, Eiche und Kirsche können in "Solid" verarbeitet werden, das heißt von Krücke bis zur Spitze in einem Stück ohne Verleimung.

Metalle

In Öl *gehärteter Sheffield-Stahl*, "stainless steel" (rostfrei), wird mit hochwertiger Emaille überzogen und bildet das korrosionsfeste Gestell.

Schieber und *Platten* werden aus festen Messingröhren und mit Bronze-Überzug gefertigt.

Edelmetalle werden für die Schmuckbänder (collars) verwendet. Der silver collar (s.c.) besteht aus 100 % Sterlingsilber. *Plated Gold Collar* (P.G.C.) bedeutet hart vergoldetes Messing.

Schirmseide

Schirmseide wird in England hergestellt. Dieses Gewebe aus dicht gewebten Nylonfäden hat sich als Schirmbespannung mit optimaler Wasserdichte und langer Haltbarkeit bewährt. Edle *Naturseide* ist dichter gewebt, wie man im Gegenlicht prüfen kann.

Naturseide

Der wasserdicht veredelte Seidenfaden wird als Moiré gewebt. Vier Fäden werden dabei als Kette, zwei als Schuß verwendet. Das Gewebe absorbiert eine geringe Menge Wasser, quillt leicht auf und wird dadurch extrem wasserabweisend.

Dessins

Unis begegnen uns in allen Farben des Regenbogens. Die acht Bahnen des Schirmbezugs können in verschiedenen Farben bezogen werden. *Paisleys*, *Schottenkaros* oder *Fancies* empfehlen sich für sportliche Schirme. Hierzu gehören auch die klassischen *Tartans*, die selbstverständlich nicht gedruckt, sondern gewebt verarbeitet werden.

Damit gilt auch bei der Wahl des Schirmes die goldene Regel des jeweiligen Anlasses. Je offizieller der Anlaß, desto dunkler sollte der Schirm sein. Der schwarze Schirm gilt als der offizielle Klassiker schlechthin, der sowohl die Business- als auch die Abendkleidung passend ergänzt. Gedeckte Dessins eignen sich ebenfalls für geschäftliche Anlässe. Knallige Unis, Tartans und Paisleys unterstreichen Sportswear und Freitzeitkleidung.

Formen

Klassischer Regenschirm

Der klassische Regenschirm besteht aus gebogenem Griff (Krücke), Stock (Schuß) und gewölbtem Dach. Besonders charakteristisch sind Griffe in Form von Enten-, Hunde- oder Pferdeköpfen aus edlem Material, wobei Elfenbein aus Gründen des Artenschutzes nicht mehr verarbeitet wird. Exklusive Herrenschirme von SØR und Brigg in London, der ältesten Schirmmacherei der Welt, können in drei Standardgrößen bestellt werden. Entsprechend der Schirmlänge wächst die Größe des Dachs.

Der klassische Herrenschirm weist bei einer Stocklänge von 93 cm einen Dachdurchmesser von 108 cm auf. Abweichend davon ist es möglich, Schirme mit einer Stocklänge von 90 cm und 96 cm herzustellen.

Reiseschirm

Der erste Reiseschirm stammt aus Paris, entwickelt von Marius im Jahre 1715. Bei zeitgenössischen Reiseschirmen können der Griff und die Spitze abgeschraubt werden. Dieses Modell findet in jedem Reisegepäck Platz und wird deshalb auch als Kofferschirm bezeichnet.

"Prince of Wales"-Schirm

Bei dieser speziellen Anfertigung für den Prince of Wales können ebenfalls Griff und Spitze abgeschraubt werden. Der Griff ist aus Malacca-Holz und mit edlem Silberbeschlag und Silberband versehen.

Golfschirm

Golfschirme sind nicht nur auf dem Court nützlicher Begleiter für die Freizeit. Der Schuß wird zumeist aus Leichtmetall gefertigt, die Krücke ist gebogen oder gerade geformt.

Funktionsschirm

Schirme mit elegant-funktionalen Besonderheiten bieten mehr als nur Regenschutz. Schnapsflaschen, Feuerzeuge oder Pferdemaßstöcke können in den Schirmstock integriert werden. Klingen oder einschüssige Schrotflinten werden nicht mehr in den Schaft eingearbeitet, da sie – früher waffenscheinpflichtig – inzwischen verboten sind.

Verarbeitung

"Solidität" ist die Maxime für exzellent verarbeitete Schirme. Ausgesuchte Materialien und überlieferte handwerkliche Tradition verleihen dem

Schirm Eigenschaften von Dauer und garantieren einen ständigen Wert.

Griff

Zunächst wird von den Griffhölzern die harte, siliziumhaltige Rinde entfernt. Über Dampf werden die Hölzer von Hand gebogen. Jeder Stock wird entsprechend seines Wachstums gesondert bearbeitet, um dem daraus entstehenden Griff seine individuelle Charakteristik zu geben. Die Form wird in mehrtägigen Dampfbädern stabilisiert. Abschließend wird das Holz mit schützendem Lack versehen und poliert.

Stock (Schuß)

Nur bei harten Holzqualitäten, die in ausreichender Quantität verfügbar sind, werden Stock und Griff aus einem Stück gefertigt. Insbesondere bei weichen Griffhölzern empfiehlt sich besonders dicht gemaserte Schwedische Birke, die geschmirgelt und poliert wird. Krücke und Stock werden von Hand verdübelt und bilden eine feste, harmonische Einheit. Durch das Verkesseln, jene qualitätsvolle, übergangslose Verdübelung von Stock und Griff, entsteht der Gesamteindruck eines Schußschirmes aus einem Stück.

Bei einem Einstückschirm muß der untere Teil des Stockes zum Griff gebogen werden. Subtiles Schmirgeln und Polieren vollenden den Schirmstock.

Metallarbeiten

Alle Metallteile der exklusiven Herrenschirme von Brigg und SØR sind solide gefertigt und nicht gepreßt. Besonders beanspruchte Details wie Schieber und Feder sind aufgrund ihrer traditionellen Herstellung und Einarbeitung in den Schirm besonders langlebig.

Die mit dem Hammer bearbeiteten Metallspangen werden ebenso von Hand in den Stock eingelegt wie der handgeschliffene Runner (Schieber).

Die Metall-Dachkonstruktion wird von Hand mit Hammer und Nagel am Stock befestigt. Sheffield-Stahl, Messingröhre mit Bronze-Überzug und gehärtete Nickel/Silberdrähte garantieren große Spannkraft, Korrosionsfestigkeit und damit Langlebigkeit des Schirmes.

Dachbezug (Decke)

Das Schirmdach besteht aus acht Bahnen, die sorgfältig von Hand zugeschnitten und mit Nadel und Faden vernäht werden. Qualitätsgarne garantieren hohe Reißfestigkeit. Im Anschluß werden die Bahnen gewendet und gesäumt. Die handgeschliffenen Metallspitzen, Metallringe und die typische Metallzwinge sind handwerklich zu befestigen. Benäher sorgen dafür, daß die Metallteile des Gestells den Stoff beim Öffnen und Schließen des Schirms nicht beschädigen. Die Spitzen werden an den Stangenenden aufgesetzt; jede Stange wird viermal sorgfältig am Dachsaum befestigt. Dadurch entsteht die elegante, gewölbte Form des Daches. Um das Schirmdach am Schuß zu befestigen, wird es in der Höhe der Krone von Hand vernäht. Vor dem Einbohren, Anheften und Aufsetzen der Krone werden zwei Stoffliegen über dem Schuß befestigt. Die Krone wird durch Einführung eines durchgehenden Cromargan-Drahtes im vorgefertigten Bohrgang verankert. Diese differenzierte Befestigungsmethode ist dem minderwertigen einfachen Ankörnen mit Hilfe eines Dornes vorzuziehen. Ein Zeichen für Kenner: Der flach gehämmerte Kopf des Drahts auf der Zwinge beweist, daß der Schirm von Hand gemacht wurde. Farblich abgestimmte, handgemachte Stoffhalter mit einem echten Perlmuttknopf werden an der Decke (Schirmdach) vernäht. Im Gegensatz zu oft verwendeten minderwertigen, elastischen Haltern verlieren diese nie ihre Spannkraft. Abschließend wird jede Bahn des Schirmdaches von Hand gebügelt und aufgerollt. Dreifache Kontrollen sichern den hohen Qualitätsstandard des Schirmes. Es gibt eben Schirme, die sind unverbesserlich: Schirme von Brigg und SØR.

Beschläge

Durch das Anbringen von Bändern und Beschlägen am Griff des Schirmes erhält dieser “edle Begleiter” des Herrn eine besondere, persönliche Note. Sterlingsilber, Messingvergoldung, 9-karätiges (18-karätiges) Gold können verarbeitet werden.

Internationale Kollektionen

Qualitätsvolle Herrenschirme tragen die Markennamen Brigg und SØR. Thomas Brigg eröffnete im Jahre 1836 in der St. James Street, London SW 1, seine berühmte Manufaktur. Diese inzwischen älteste britische Schirminstitution regiert schräg gegenüber der Royal Academy und bietet auch männlichen “Royals” Regenschutz. Brigg, seit 230 Jahren am Piccadilly ansässig, ist Lieferant des englischen Königshauses und Krönung jeder Kleidung. Mit ihrer überzeugenden Qualität haben Brigg-Schirme Weltruhm erlangt.

Anlaß	*Griff*	*Stock*
Offizielle Anlässe	*Silber*	*Schwedische Birke*
	Elfenbein	*Schwedische Birke*
	Malacca	*Schwedische Birke*
	Rosenholz	*Schwedische Birke*
Berufliche Anlässe	*Malacca*	*Schwedische Birke*
	Rosenholz	*Schwedische Birke*
	Esche	*Schwedische Birke*
	Bambus	*Schwedische Birke*
Freizeit-Anlässe	*Bambus*	*Schwedische Birke*
	Eiche	*Eiche*
	Walnuß	*Schwedische Birke*
	Apfelholz	*Apfelholz*
	Kastanie	*Kastanie*
	Kirsche	*Kirsche*
	Ahorn	*Ahorn*
	Nußbaum	*Nußbaum*
	Zypresse	*Schwedische Birke*

Dach	*Farbe/Dessin*
Naturseide *Schirmseide*	*schwarz*
Naturseide *Schirmseide*	*schwarz* *uni (dunkel)*
Naturseide *Schirmseide*	*uni (farbenfroh)* *Tartans* *Paisleys* *Fancies*

Badehose

Historie

Im Jahre 1824 ereignet sich im französischen Seebad Dieppe eine Sensation: Caroline Marie Gräfin Berry, Schwiegertochter König Karls X., erscheint am Strand mit einem Zylinder, mit "großen gelben Stiefeln und einem gegürteten knielangen Kittel aus feinster schwarzer Seide". Begleitet vom Kurdirektor und unter den Klängen des Kurorchesters steigt sie in diesem Aufzug ins Meer – der Badeanzug ist geboren.

Im Mittelalter ist das Baden bereits beliebt, doch spezielle Badekleidung kennt man noch nicht. Gebadet wird entweder nackt – natürlich streng getrennt nach den Geschlechtern – oder in einfacher Unterkleidung. Von Johann Wolfgang Goethe ist überliefert, daß er im Jahre 1775 eine "leinwandre Weste und Hose mit blauem Band für zehn Silbergroschen" erwirbt.

Caroline Marie ist auch eine der ersten, die zum Spaß ins Wasser geht. Zuvor gilt das Baden als Kurmittel zur Erhaltung der Gesundheit. Mit dem Aufkommen der allgemeinen Badelust, den berühmten Seebädern und dem Zusammenrücken von Herren- und Damenbad müssen sich die Männer nun bedecken, die bisher traditionsgemäß nackt – oder nur unter dem Schutz eines Badekarrens – geschwommen sind. Franzosen sollen die erste kurze, buntgestreifte Badehose erfunden haben.

Aber soviel Bauchfreiheit ist den Männern nicht lange gegönnt – kleinliche Sitten verlangen wieder größere Badehosen, die überhaupt nur noch an Herrenbadeplätzen erlaubt sind. In den seit 1900 aufkommenden Familienbädern müssen sich die Männer wieder von der Kehle bis zum Knie bedecken. Noch 1929 ist das oberkörperfreie Baden für den Herrn verboten.

Zu Beginn der dreißiger Jahre wird das Oberteil des Herrenbadeanzuges mehr und mehr ausgeschnitten. Die weiten Armlöcher verleiten erste wagemutige Herren dazu, die Träger ganz herunter zu rollen. Erst gegen Ende der dreißiger

Jahre wird die einfache Badehose für den Herrn wieder 'strandfähig'. In den USA ersetzt der Herr den Gürtel der Badehose bereits durch eine innen geführte Schnur.

Erst nach dem Zweiten Weltkrieg wird Größe und Farbe der Badehose nicht mehr nur von den Tugendwächtern, sondern von der Mode diktiert. Badehosen aus Latexstoffen kommen auf; Ende der sechziger Jahre knapp geschnittene Badehosen aus luftdurchlässigen, schnell trocknenden Synthetics. 1970 sind oberschenkellange, enganliegende Badehosen en vogue, die zunehmend von den weiten, bequemen Bade-Shorts abgelöst werden.

Materialien

Als der Mann Ende des 19. Jahrhunderts noch mehr 'badete' als schwamm, wird die Badekleidung aus Serge oder Flanell gefertigt. Erst seit 1915, mit dem Aufkommen der körpernahen Bademode, wird Wolljersey verarbeitet.

Kunstfasern

Mitte der dreißiger Jahre tauchen die ersten Kunstfasern auf. Sie ermöglichen die Herstellung leichter, formbeständiger Badekleidung. Heute sind Badehosen aus Kunstfasern wie Lycra besonders wegen der hervorragenden Pflegeeigenschaften beliebt: Sie lassen sich problemlos mit einem milden Feinwaschmittel waschen und trocknen blitzschnell nach jedem Bad.

Naturfasern

Für Bermudas und Bade-Shorts werden zumeist Baumwollstoffe bzw. Mischgewebe verarbeitet. Sie trocknen zwar nicht so schnell wie Kunstfasern, zeichnen sich aber durch angenehmen Tragekomfort aus.

Farben

Um 1915 kommen in England die berühmten quergestreiften, blau-weißen Schwimm-Trikots für Herren auf. Während auf der Insel die noch mutigeren Männer sogar zum rot-weißen Streifen greifen, werden in den deutschen Seebädern in den dreißiger Jahren nur dunkelfarbige Anzüge geduldet, die in nassem Zustand undurchsichtig bleiben. Die heutige Badekleidung hingegen besticht durch ihre farbliche Vielfalt.

Uni

Einfarbige Badehosen sind immer noch weit verbreitet; heutzutage aber in allen Farben – vom strahlenden Weiß bis hin zum klassischen Blau.

Hawaiimuster

Als Hawaiimuster werden auffallende, starkfarbige Blumenmuster bezeichnet. Nicht nur an nordamerikanischen Stränden sind Bermudas mit Hawaiimuster wieder besonders beliebt.

Karos

Karomuster finden sich häufig auf klassischen Bade-Shorts oder Bermudas. Das klare Schottenkaro wird vom Madraskaro unterschieden. Dieses aus Indien stammende Muster erkennt man an der leicht verschwommen wirkenden Musterung.

Formen

Form und Größe der Badehose sind heute allein von dem persönlichen Geschmack des Trägers und seiner körperlichen Konstitution abhängig. Ob Bermudas, Boxer-Shorts oder knappe Badehose – erlaubt ist, was gefällt.

Bermudas

Die Ursprünge der Bermuda-Shorts liegen in Indien: Britische Soldaten schneiden Anfang des Jahrhunderts ihre Uniformhosen der feucht-schwülen Hitze wegen knapp über dem Knie ab. Die 'gekappten' Hosenbeine machen die Bermudas Jahrzehnte später zu einer luftigen, allseits beliebten Strandkleidung, die seit den fünfziger Jahren die westliche Welt erobert hat. Mit besonders großen, auffälligen Mustern beherrschen sie auch heute wieder die Strandmode.

Shorts

Shorts sind knapp bis zu den Oberschenkeln reichende Sport- und Freizeithosen. 'Erfunden' wurden sie vom englischen Tennisstar Runny Austin. Seit 1932 verblüfft er in diesem Dreß die Zuschauer auf dem Court. Die amerikanische, oberschenkellange Unterhose wird damit vorzeigbar. Bade-Shorts derselben Länge breiten sich mit vielfältigen Dessinierungen seit dem Zweiten Weltkrieg an den Stränden aus.

Bademantel

Historie

Als um 1880 das Baden im Meer populär wird, benötigt die Dame am Strand eine Art Cape aus Biber, Flanell oder frottierähnlichem Stoff. Nicht nur als Schutz gegen Sonne, Wind und Kälte, sondern vor allem als 'Sichtschutz' für den Weg ins Meer. Seit 1900 übernehmen auch die Herren diese Mode – allerdings ist der Schnitt dem Hausmantel angeglichen.

Materialien

Hochwertige Bademäntel werden heute zumeist aus Frottier hergestellt. Die häufig gebrauchte Bezeichnung Frottee ist irreführend, da unter Frottee ein hartes Gewebe aus Baumwolle, Leinen, Kokos oder sogar Jute verstanden wird. Frottee-Tücher werden ausschließlich zu Massagezwecken verwendet.

Walkfrottier

Walkfrottier erkennt man an den langen, ungeordnet wirkenden Schlingen. Beim Zwirnwalk bestehen diese dagegen aus weich gedrehtem Zwirn. Walkfrottier besitzt bei hoher Schlingendichte eine hervorragende Saugfähigkeit und Weichheit, es ist die wertvollste Frottierware. In den fünfziger Jahren entwickelte SØR in Zusammenarbeit mit Egeria den ersten Bademantel aus diesem Material, das zuvor nur für Handtücher verarbeitet wurde. Seither haben sich Bademäntel aus Walkfrottier zu einem modernen Klassiker entwickelt.

Veloursfrottier

Veloursfrottier hat eine samtartige, geschorene Oberfläche. Die Velourseite ist wenig saugfähig, aber sehr weich; die Innenseite besteht meist aus Walkfrottier.

Farben

Der klassische Bademantel ist einfarbig. Bei vielen Modellen findet man kontrastreiche Paspelierungen oder Aufschläge. Auch Phantasiemuster gewinnen immer mehr an Bedeutung.

Formen

Bademäntel gibt es mit oder ohne Kapuze, aber immer knopflos, denn sie werden nur mit einem Gürtel geschlossen. Bademäntel werden im Kimono-Stil, mit Schalkragen oder spitzem bzw. fallendem Revers gearbeitet.

Lederbekleidung

Historie

Leder ist ein Naturprodukt; es ist älter als jede textile Bekleidung. Die Menschen der Urzeit schützen sich gegen die Unbilden der Witterung und Verletzungen mit Tierfellen und Häuten.

Um Leder haltbar zu machen, muß es konserviert, gegerbt und zugerichtet werden.

Nach dem Enthäuten der Tiere wird die Haut gesalzt, um ihr Feuchtigkeit zu entziehen, und konserviert, um sie gegen Bakterienbefall zu schützen. In der Wasserwerkstatt werden die Häute aufgeweicht, enthaart, gesäubert und gegerbt.

Gerbung

Drei Methoden sind zu unterscheiden: Chromgerbung, pflanzliche Gerbung und Sämischgerbung.

Die beste Methode ist die mit mineralischen Salzen vorgenommene Chromgerbung. Das Leder bleibt reißfest, weich und lichtbeständig. Oft werden aber auch die pflanzliche und mineralische Gerbung kombiniert. Mit großen Pressen wird das Leder entwässert und dann mit der Falzmaschine auf die gewünschte gleichmäßige Lederstärke gebracht.

Färben

Drei Methoden des Lederfärbens sind zu unterscheiden:

Die hochwertige **Anilinfärbung** mit transparenten Anilinfarben, die ganz in das Leder einsickern.

Bei der **Pigmentfärbung** wird das Leder mit Deckfarbe abgespritzt. Die Farbe bleibt nur auf der Oberfläche und deckt die Narben und Unregelmäßigkeiten mit Farbe zu.

Die **Semianilinfärbung** kombiniert zwei Methoden. Nach dem ersten Anilindurchgang werden anschließend die Unregelmäßigkeiten weggespritzt.

Das Leder muß nach dem Färben imprägniert und eingefettet werden. Bei Nappaleder (aus der äußeren Narbenseite der Haut) wird die glatte Oberfläche vorher noch etwas gebügelt. Bei Velourlederqualitäten wird die innere Fleischseite der Haut geschliffen (veloutiert). Dabei wird mit Kratzwalzen der Schliff für das entstehende Leder sehr fein gemacht.

Qualitäten

Porc ist eigentlich nur ein anderer Name für unser altbekanntes Hausschwein. Porcleder wird für die Herstellung von Handschuhen, Schuhen und Lederbekleidung verwendet.

Peccary ist das Leder von freilebenden Wasserschweinen. Es ist sehr weich, anschmiegsam und atmungsaktiv. Peccary findet bei der Herstellung von Handschuhen und Schuhen Verwendung.

Rinds- und Kalbsleder ist ein Sammelbegriff für alle Häute der Rinderrasse und dient als sehr robustes Leder zur Verarbeitung von Gürteln, Schuhen und zu einem geringen Teil als Oberbekleidung.

Das **Haarschaf** ist hauptsächlich eine in den Ländern Indien, Pakistan und Südamerika lebende Schafrasse. Dieses Schaf trägt ein sehr feines Haarkleid und liefert das sehr feine, leichte und weiche Metis-Leder (feinstes Velourleder). Etwas weniger gebräuchlich ist das Nappaleder der Haarschafe.

Schaf (Lammleder): Diese fließende Lederqualität wird für Bekleidung sowohl in Nappa als auch in Velourleder verarbeitet.

Ziegenleder gehört mit zum Edelsten. Es ist sehr reißfest, läßt sich seidenweich gerben und hat gute Trageeigenschaften. Die Ziegenlederhäute werden überwiegend als Velourleder verarbeitet. Ein wichtiges Erkennungsmerkmal sind die mehr oder weniger starken Aderabdrücke in der Haut. Dieses Produkt wird hauptsächlich für Bekleidung verarbeitet.

Das **Elchleder** zeigt vor allem eine sehr ausgeprägte Körnung, die auch nach mehreren Arbeitsgängen von Gerbung und Färben unverändert bleibt. Kratzer und Narben sind selbstverständlich, da die Tiere frei in der Wildnis leben. Elchleder wird zu Schuhen und Bekleidung verarbeitet.

Hirschleder: Der feste Griff und die ausgeprägte Körnung des Hirschleders bleiben im Laufe der Zeit erhalten und sind charakteristische Ledermerkmale dieses in der Wildnis lebenden Tieres. Hirschleder gilt aufgrund seines weichen Griffes als Cashmere der Lederarten. Schuhe, Mäntel und Blousons sind typische Hirschlederprodukte.

Verarbeitung

Erstklassige Lederbekleidung wird aus echtem, sorgfältig ausgesuchtem Leder mit qualifizierter Gerbung hergestellt. Narben, kleine Punkte und leichte Farbschattierungen sind die natürlichen Merkmale der Tierhäute und deshalb nicht als Fehler zu betrachten.

Die Verarbeitung sollte innen so sauber wie außen sein. Als Nähgarn empfiehlt sich reine Seide. Bei Überbeanspruchung reißt das Seidengarn, ohne das Leder zu beschädigen.

Herrenschmuck

Historie

Es gibt Völker, die sind nackt, aber es gibt keine ohne Schmuck. Diese Erkenntnis der Völkerkundler belegt, daß Schmuck in allen Zeiten mehr ist als nur überflüssiger, mehr oder weniger kostbarer Zierat. Schmuck ist das älteste Kunsterzeugnis der Menschheit.

Schon von den Ägyptern ist uns der Reichtum ihres Schmuckes bekannt: er hat zu jener Zeit einen tiefen religiösen und symbolischen Charakter.

Auch die Germanen behängen sich reich mit Schmuck. Gürtelbeschläge, Schnallen und Spangen zeugen vom Reichtum des Trägers, seines Ranges und seiner Würde.

Im Mittelalter legen Familien riesige Werte in Schmuck an. Er dient als Kapitalanlage und wechselt seinen Besitzer ebenso leicht und schnell wie in der Neuzeit das bare Geld.

Mit dem ausgehenden Mittelalter und der wachsenden Kunst der Goldschmiede wird der Schmuck immer prächtiger und feiner. Selbst Dürer und Holbein entwerfen Vorlagen für wertvolle Broschen und Anhänger. Schmuck steigert sich zum unerhörten Luxus. Wichtigstes Stück ist die Schmuck- oder Ehrenkette, die breit über die Schulter gelegt wird. Hutschmuck und auffällige Ringe an möglichst vielen Fingern der Hand gehören ebenfalls dazu.

Im 19. Jahrhundert verschwindet der luxuriöse Herrenschmuck – gesellschaftlich geduldet sind nur noch Siegelring und Uhrkette.

Moderne Klassiker

Der Gentleman von heute hält es mit Goethe: "Erst in der Beschränkung zeigt sich der Meister". Zwar sind die Männer in der Auswahl ihrer Accessoires munterer geworden – doch zeigt sich Klasse in der diskreten Qualität. Understatement heißt das Zauberwort.

Krawattennadel

Die Krawattennadel ist eines der neueren Accessoires des Herren. Zu Beginn des 18. Jahrhunderts setzt sich in der Herrenkleidung die zumeist weiße, kunstvoll gebundene Halsbinde durch. Zum besseren Sitz dieser Krawatte – ein quadratisches Tuch, zwei- oder dreimal um den Hals gewickelt und hinten geknotet – fixiert man diese durch eine Nadel mit Schmuckknauf. Besonders beliebt sind Nadeln mit Perlen, Edelsteinen, Korallen oder gegenständlichen Schmuckmotiven, wie Jagd-, Freimaurer- oder Kriegsszenen.

Um 1860 ändert sich die Krawattenmode – auch das breite, bauschig gebundene Plastron ziert eine Krawattennadel.

Die Krawattennadel übersteht auch die weiteren Modewechsel. Um 1867 kommt mit dem Umlegekragen des Herrenhemdes der vorn geknotete Langbinder (Schlips) auf; auch er wird von der Krawattennadel geziert.

Heute hat die Krawattennadel für das Plastron des Cutaways unverzichtbare Bedeutung. Wird auf die Krawattennadel verzichtet, decouvriert der Träger damit sein Plastron als ein gebundenes, konfektioniertes Exemplar. Das handgebundene Plastron hingegen bedarf der Nadel, um zusammengehalten zu werden.

Krawattenspange

Um 1950 setzt sich, von Amerika kommend, die Krawattenspange durch. Mit einer kleinen Klemme wird die Krawatte an der Knopfleiste des Hemdes befestigt.

Ob Gold, Silber oder Edelstahl – die Materialien der modernen Krawattenspange sind vielfältig. Solche aus Email mit den Farben des Regiments, der Schule, der Universität oder des Clubs sind vor allem für den Blazer typisch und können mit entsprechenden Manschettenknöpfen kombiniert werden.

Die Krawattenspange ist weniger offiziell als die Nadel und findet deshalb bei der festlichen Kleidung keine Verwendung!

Manschettenknöpfe

Obwohl Chroniken berichten, daß der Manschettenknopf im 13. Jahrhundert durch Ludwig IX. in Frankreich erfunden worden ist, ist der 'goldene Zwilling' erst seit Mitte des 19. Jahrhunderts fester Bestandteil der Herrenausstattung. Vor dieser Zeit ist die Manschette ein gerüschter, mit Spitzen verzierter Ärmelabschluß. Schlichte Ärmelbündchen gelten als 'bäurisch'.

Im 19. Jahrhundert dienen die Manschettenknöpfe zum Schließen der sogenannten 'Röllchen', einer steifen separaten Manschette, die einfach über den Ärmelabschluß geschoben wird. Solche fest angesetzten Manschetten gibt es erst seit Beginn dieses Jahrhunderts: Der bis auf den Handrücken reichende Stoff wird zur Doppelmanschette zurückgeschlagen.

Doppelmanschetten mit Manschettenknöpfen sind heute noch fester Bestandteil der offiziellen Kleidung; zum Smoking, Cut, Stresemann und zum schwarzen, halboffiziellen Anzug sind Doppelmanschetten nach wie vor ein elegantes 'Muß'. Auch zum Frack werden Manschettenknöpfe getragen, obwohl das Frackhemd keine Doppelmanschette hat, sondern durch eine einfache, steife Manschette mit Knopflöchern gekennzeichnet ist. Das Material der Knöpfe ist hier Edelmetall, ggf. mit Perlen- oder Perlmuttbesatz. Der Stadt- oder Businessanzug wird durch die Doppelmanschette 'aufgewertet'. Vielfach hat sich hier jedoch die

Sportmanschette mit aufgenähten Perlmuttknöpfen durchgesetzt.

Der klassische Manschettenknopf besteht aus zwei Schmuckknöpfen, die durch ein Kettchen verbunden werden. Auch Modelle mit festem Steg sind üblich. Beide Varianten haben ihren Ursprung in Großbritannien. Die Variante mit nur einer Schmuckseite und einem schlichten Metallknebel ist eine amerikanische Spielart. Perlmutt, Perlen, Gold, Silber, Edelsteine oder auch Gemmen sind klassische Materialien. Liebhaber begeistern sich aber auch für kunstvoll gefertigte seidene Kugeln.

Emaillierte Manschettenknöpfe sind für den Blazer typisch. Schlichte Manschettenknöpfe bieten sich für eine Gravur der Initialen an. Auch zum sportlichen Anzug sind Manschettenknöpfe keineswegs deplaziert, wenn sie in ihrer Gestaltung dem rustikalen Anlaß entsprechen.

Stiltabelle	*Nadel*	*Krawattenspange*
Frack	—	—
Cutaway	*Nadel mit Perle, Edelstein*	—
Smoking	—	—
Schwarzer Anzug	*Nadel mit Perle, Edelstein*	—
Halboffizieller Anzug	*Nadel mit Perle, Edelstein*	*Edelmetall, schlichtes Dekor*
Stadt- und Geschäftsanzug	*Nadel mit Perle, Edelstein oder gegenständliche Schmuckmotive*	*Edelmetall*
Blazer	—	*Edelmetall, Email*
Sportanzug	—	*Edelmetall, Email*
Sportsakko	—	*Edelmetall, Email*
Blouson	—	—

Manschettenknöpfe	*Kragennadel*
(obligatorisch) Edelmetall, evtl. mit Perlen, Perlmutt	—
(obligatorisch) Edelmetall	—
(obligatorisch) Edelmetall	—
(obligatorisch) Edelmetall	—
Edelmetall	—
Edelmetall	*Edelmetall*
evtl. aus Email	*Edelmetall*
evtl. Gemmen	—
evtl. Gemmen	—
—	—

Pflege

Anzüge, Hosen

Herrenanzüge aus Naturfasern sind wertvolle Kleidungsstücke, die, die richtige Behandlung vorausgesetzt, ihrem Träger jahrzehntelang durch guten Sitz, Formbeständigkeit und Stoffqualität Freude bereiten.

Die individuellen Reinigungs- und Bügelvorschriften sollten deshalb sorgfältig eingehalten werden.

Der erste Schritt zur Kleiderpflege heißt Bürsten, denn jedes Kleidungsstück wird durch Bürsten schöner und sitzt besser. Zudem wird der Staub entfernt. Dies ist besonders wichtig, denn Staub zerstört das Gewebe!

Naturborsten-Bürsten sind die besten. Synthetische Bürsten sind zumeist hart und ruinieren das Gewebe.

Feine Härchen auf Kragen oder Façon sollten immer mit bloßen Fingern entfernt werden, auch wenn das sehr viel Zeit erfordert. Das Entfernen dieser Partikel und Flusen mit Klebeband hinterläßt auf feinen Stoffen hin und wieder Abdrücke.

Wichtig ist es, die Bürste in schwingenden Bewegungen und immer in gleicher Richtung zu führen. Bei stark verschmutzten Kleidungsstücken sollte sie leicht mit Wasser oder schwarzem Kaffee angefeuchtet werden.

Regelmäßige Pausen sind für die Wert- und Formerhaltung der Anzüge wichtig. Die Kleidungsstücke bedürfen einer Erholungsphase, um zu vermeiden, daß sie vorzeitig aus der Form gehen. Sakkos sollten auf guten Bügeln über Nacht auf den Balkon (Terrasse) gehängt werden. Für die Hosen empfiehlt sich ein 'stummer Diener' mit Bügelvorrichtung, der auch das zusätzliche Hosenbügeln ersetzt.

Wollmäntel

Reine Schurwolle ist ein Naturmaterial mit besonders guten Regenerationseigenschaften.

Nasse oder feuchte Mäntel sollen an einer gut durchlüfteten Stelle zum Trocknen aufgehängt werden, nicht jedoch in der Nähe der Heizung oder einer anderen Wärmequelle. Es empfiehlt sich einen richtigen Formbügel zu verwenden. Der Mantel muß von Zeit zu Zeit mit einer nicht zu harten Bürste abgebürstet werden.

Dies gilt insbesondere für Lodenmäntel, die durch das Bürsten in Strichrichtung ihren typischen Glanz erhalten.

Hemden

Baumwoll-Hemden in hellen Farben können in der Waschmaschine (60° C) im Pflegeleichtprogramm gewaschen und kurz geschleudert werden. Dann geht das Bügeln schnell und mühelos.

Intensiv- und Druckfarben müssen auch in der Waschmaschine unbedingt gesondert von anderen Wäschestücken gewaschen werden. Dazu sollte man Feinwaschmittel benutzen.

Gewebe und Jersey-Gewirke in Intensivfarben besitzen fast immer einen Farbüberschuß, der sich trotz bester Echtfärbung bei den ersten Wäschen durch ‘Ausbluten’ bemerkbar macht. Es empfiehlt sich, der Waschlauge und dem letzten Spülwasser einen Schuß Essig zuzugeben, wobei immer gut zwischenzuspülen ist.

Farbige Wäsche niemals naß liegenlassen und immer nur ‘angetrocknet’ aufhängen. Am besten wird sie sofort in ein Frottiertuch gerollt oder nach der Maschinenwäsche ganz kurz angeschleudert.

Auf jeden Fall wird das Hemd noch feucht vom Bügel genommen. Wenn es bereits trocken ist, muß es nochmals sorgfältig eingesprüht werden.

Woll- und Seiden-Hemden werden kalt oder mit lauwarmem Wasser in Feinwaschmittel von Hand oder im Wollprogramm der Waschmaschine gewaschen, wenn das Pflegeetikett den Zusatz “waschmaschinenfest” aufweist. In kaltem Wasser sollten sie bis zur Klarheit gespült, nur leicht ausgedrückt und dann sofort in ein Frottiertuch gerollt werden. Anschließend sind sie flach auszubreiten und bei Zimmertemperatur zu trocknen. Die Hemden nicht in die Sonne oder auf die Heizung legen.

Schontips für Hemdenwäsche

Im Nesselbeutel oder Kopfkissenbezug waschen, dadurch wird vorzeitiger Verschleiß von Kragenecken und Manschetten vermieden.

Hemdenbügeln ist viel einfacher als man denkt. Vor allem Baumwolle läßt sich spielend leicht bügeln, wenn sie feucht ist.

Hemden also nur in feuchtem Zustand bügeln!

Einsprengen nützt nur, wenn noch eine gewisse Restfeuchte im Gewebe vorhanden ist, sonst muß man warten, bis die trockene Baumwolle durch Quellung die fehlende Feuchtigkeit wieder aufgenommen hat; das dauert Stunden!

Bitte hängen Sie Ihr Hemd nach der Wäsche (nur anschleudern) naß auf einen Bügel, und lassen sie es nicht ganz trocken werden.

Bügeln Sie reine Baumwolle mit Höchsttemperatur.

Nie stärken, auch nicht mit sogenannter Appretur aus der Sprühdose! Dieses Mittel verwandelt die feinsten Gewebe in Packpapier.

Zuerst bügelt man den Kragen – immer von den Kragenecken nach innen, um Falten zu vermeiden. Danach wird die rückwärtige Passe geglättet. Es folgen Knopfloch- und Knopfleiste. Danach wird das Hemd von einem Vorderteil durchgehend über den Rücken zum anderen Vorderteil gebügelt. Dann knöpft man das Hemd zu und bügelt Manschetten und Ärmel.

Durch sorgfältiges Zusammenlegen der Hemden können Falten vermieden werden. Dazu wird das Hemd glatt auf die Vorderseite gelegt, der rechte Ärmel und ein Teil des Rumpfes nach links gefaltet und der Ärmel anschließend glatt nach unten gelegt. Die andere Hemdseite folgt gegengleich. Hemdsaum und Manschette werden ein kleines Stück nach innen gefaltet, anschließend schlägt man das untere Teil nach oben ein.

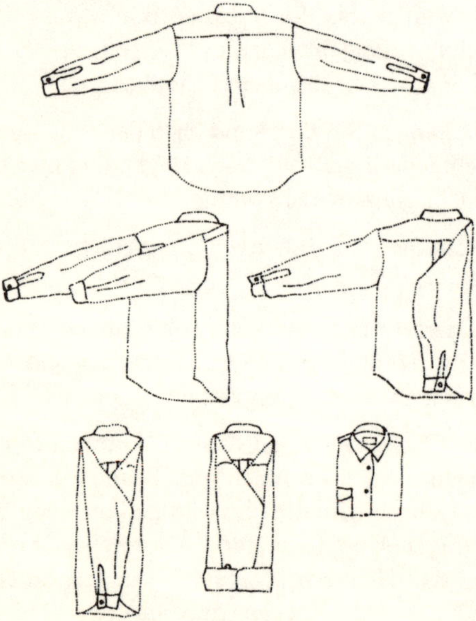

Krawatten

Jeder Krawatte gönne man nach dem Tragen tagelange Ruhe. Ein mehrwöchiger "Schönheitsschlaf" läßt Krawatten länger leben. Niemals sollte sie über Nacht unaufgeknotet abgelegt werden. Für die erste Nacht empfiehlt es sich, die Krawatte wie eine Schnecke zu rollen, um sie am nächsten Morgen glatt im Kleiderschrank aufzuhängen, damit das Sonnenlicht nicht die Farben verändert.

Weist die Krawatte nach häufigem Tragen Knitterstellen auf, sollten diese schonend gebügelt werden. Damit das Eisen nicht mit dem Gewebe in Berührung kommt, empfiehlt es sich, ein Tuch dazwischenzulegen und die Kanten nicht flachzubügeln. Krause Krawatten werden über Wasserdampf geglättet oder mit einem dazwischenliegenden Tuch gebügelt. Krawatten mit Seidenbestandteil nicht mit Wasser, sondern mit reinem Benzin reinigen.
Wenn eine Reinigung der Krawatte erforderlich wird, ist im Hinblick auf die Farbechtheit eine chemische Trockenreinigung empfehlenswert.

Reine Seide läßt sich nicht farbecht färben. Jeder Feuchtigkeitseinfluß, selbst Körperschweiß, sollte vermieden werden, da sonst ein 'Ausbluten' der Farben nicht ausgeschlossen werden kann.

Für die Reise ist ein Krawattenetui sinnvoll. Herren, die mit Kleidersäcken reisen, können die Krawatten über den Hosenbügel hängen.

Der beste Krawattenschutz ist eine Krawattenklammer. Auch mit der schwungvollsten Bewegung landet sie dann weder im Kaffee noch in der Suppe. Essensspritzer kann jedoch nur eine große Serviette abhalten. Die Krawatte wird es danken, wenn man die Serviette ungeniert über der Schulter verknotet.

Strickwaren

Pullover sollten per Hand bis 30° C mit einem Feinwaschmittel gewaschen werden. Die Teile dürfen nicht gerieben oder gewrungen werden, sondern sind nur durch leichtes Drücken zu reinigen. Auf gar keinen Fall dürfen diese hochwertigen Strickwaren geschleudert oder im Trockner getrocknet werden. Die gewaschenen Teile sollten am besten flach auf einem Handtuch ausgebreitet, in Form gelegt und anschließend durch leichtes Bügeln geglättet werden.
Vor allem sollte man die Strickwaren nie zu schmutzig werden lassen.

Strümpfe

Jeder Strumpf sollte nur einmal getragen und dann gewaschen werden! Wollstrümpfe bei 30°, Baumwollstrümpfe bei 60°, Cashmere, Super 100 und Seide möglichst bei 30° von Hand waschen. Ausbleichungsgefahr! Socken sollten grundsätzlich nicht maschinell getrocknet werden. Falls dies jedoch gewünscht wird, sind die etwas gröberen Wollsocken am widerstandsfähigsten. Socken möglichst aufhängen (griffeucht), nachdem sie zuvor ausgewrungen wurden: Waschen – auswringen – aufhängen! Strümpfe niemals bügeln. Die Hitzeentwicklung beim Bügeln führt dazu, daß das Gummi schmilzt und brüchig wird. Schrumpfen Strümpfe, ist dies darauf zurückzuführen, daß sie entweder zu heiß gewaschen oder zu stark getumbelt wurden. Zu heißes Waschen schadet auch der Elastizität des Strumpfgummis.

Schuhe

Die regelmäßige, sorgfältige Pflege erhält Wert und Aussehen der Schuhe. Empfindsame Zeitgenossen pflegen das Schuheputzen auch als entspannende, wenn nicht gar sinnliche Tätigkeit. Die goldene Regel der Schuhpflege lautet: einen Tag tragen, zwei Tage ruhen lassen. Nach jedem Tragen sollte der Schuh auf einen Schuhspanner gezogen werden. Das Leder muß dabei noch tragewarm und geschmeidig sein, sonst wird es durch den Holzleisten überdehnt und es entstehen Risse. Die Holzspanner absorbieren die im Schuh entstandene Feuchtigkeit und lassen das Leder atmen.

Feuchte Schuhe dürfen niemals an einem Heizkörper getrocknet werden. Die trockene Hitze entzieht dem Leder alle Feuchtigkeit – es wird spröde und bricht leicht.

Sind die Schuhe völlig durchnäßt, werden sie mit Zeitungspapier ausgestopft; man stelle sie schräg, damit Luft an alle Partien kommt. Wenn sich das Papier vollgesogen hat, wird es einfach ausgetauscht.

Angetrockneter Schmutz sollte vorsichtig erst mit einem stumpfen Messer abgekratzt und der verbliebene Schmutz mit einem feuchten Tuch abgewischt werden.

Zur Pflege eignet sich eine ölig-dünnflüssige Dosenpaste am besten, harte Wachspasten sorgen für den Glanz. Quickpolish (Plastikflaschen mit Schwamm) sollten für Schuhputz-Notfälle reserviert bleiben.

Für einen besonders strahlenden Glanz polieren Schuhputz-Profis mit einem zusammengeknüllten Nylonstrumpf: Die Reibungshitze läßt die Oberfläche der Cremeschicht etwas anschmelzen – der Effekt ist beeindruckend.

Lacklederschuhe sollten mit einem speziellen Lackpflegemittel behutsam gereinigt werden. Normale Pflegemittel machen den Lack stumpf.

Schuhe aus Velourleder werden mittels einer speziellen Bürste mit Kreppgumminoppen vom täglichen Staub und Schmutz befreit. 'Blanke' Stellen rauht man vorsichtig mit Sandpapier oder einer feinen Nylon- oder Drahtbürste auf. Ein imprägnierendes Spray schützt das Rauhleder; Flecken können mit einem Lösungsmittel entfernt werden.

Abgetragene oder dünn gewordene Ledersohlen lassen Wasser durch und sollten rechtzeitig erneuert werden. Die Oberflecke der Absätze sollten erneuert werden, bevor die zweite Schicht, der Unterfleck, sichtbar wird.

Schirme

Einen Schirm trocknet man am besten geschlossen, aber nicht gerollt, am Griff hängend. Wird über die Gestellspitzen ein Gummiring gezogen, liegt das Stahlrohr eng am Schaft. Dadurch lassen sich die Stoffbahnen trichterförmig auszupfen, der Bezug wird nicht angegriffen.

Der vollendete Schirm ist schlank, engst gerollt, stabil und dauerhaft. Nota bene sollte nur der trockene Schirm gerollt werden. Natürlich kann man den Schirm nun in einem Futteral verschwinden lassen; doch warum? Die Eleganz eines engst gerollten Schirmes spricht schließlich für sich. Deshalb verzichten die britischen "Schirmherren" zumeist auf das Futteral. Für Brigg- und SØR-Schirme gilt prinzipiell, daß jedes Teil des Schirmes ersetzt werden kann. Ein solcher Schirm hält deshalb ein Leben lang!

Lederbekleidung

Lederbekleidung sollte grundsätzlich vor großer Hitze ferngehalten werden, insbesondere ist intensive Sonneneinstrahlung (z. B. Ablage im

Auto) zu meiden. Durch zuviel Wärme wird Leder hart und brüchig. Beim Trocknen von Lederjacken von Heizungen Abstand halten. Bei empfindlichem Velourleder kann die Sonne zu einem leichten Verbleichen führen.

Lederreinigungen sollen grundsätzlich nur in Spezialbetrieben durchgeführt werden, welche durch folgende Zeichen ausgewiesen sind:

Vom Verband der
Deutschen Lederbekleidungs-Industrie

ECHTES LEDER

Empfohlene
Leder
Reinigung

Reinigungsanstalten mit diesem Zeichen
garantieren eine fachmännische Lederreinigung

Wenn Leder einigermaßen sorgsam gepflegt wird, bleibt das Thema Reinigung eine Ausnahme für den Notfall. Etwas Patina gehört genauso zum Leder wie die kleinen Fältchen zur Haut.
Vor dem ersten Tragen und später in regelmäßigen Abständen soll wertvolle Lederkleidung mit einem Spezialspray behandelt werden, dadurch wird das Leder schmutz- und wasserabweisend.

Leichte Regenflecke können nach dem Trocknen (Sonne und Heizkörpernähe vermeiden) mit einem Gummischwamm in Faserrichtung des Leders weggestrichen werden. Straßenschmutz, Likör- und stockhaltige Flecken sind sofort mit lauwarmem Wasser vorsichtig auszureiben.

Wasch- und Pflegesymbole

Waschen

Kochwäsche darf bei 90° C in der Maschine gewaschen und geschleudert werden.
Buntwäsche, z. B. aus Baumwolle, verträgt Heißbehandlung in der Maschine bei 60° C.
Feinwäsche mit diesem Zeichen kann bis 40° C in der Maschine behandelt werden.
Schongang ist bei 30° C und immer bei Symbolen mit Balken angezeigt.
Handwäsche immer in lauwarmem oder kaltem Wasser.
Nicht waschen darf man Textilien mit dem durchgestrichenen Waschbottich-Symbol.
Nicht tumblen.

Nicht chloren.

Bügeln

Hohe Temperatur, also rund 200° C, ist z. B. bei Baumwolle und Leinen erlaubt.
Mittelheiß dürfen z. B. Wolle und Seide, Polyester und Viscose gebügelt werden.

Reinigen

Alle üblichen Lösungsmittel darf die chemische Reinigung hier anwenden.

Perchloräthylen, bei den meisten Chemisch-Reinigern im Gebrauch, ist erlaubt. Nicht chemisch reinigen.

Tips zur Fleckenentfernung

Bier

Löst sich in lauwarmem Wasser mit Flüssigwaschmittel. Ältere Flecken mit Spiritus und Wasser ausbürsten.

Eigelb

In lauwarmer Seifenlösung auswaschen. Vorher eintrocknen lassen und Eigelb möglichst entfernen.

Farbe

Sofort mit Lösungsmittel auf weißem Baumwollappen behandeln. Nicht reiben! Nach dem Trocknen ausbürsten.

Fett

Fett läßt sich gut mit Flüssigwaschmittel entfernen.

Kaffee, Kakao

Mit Waschmittel in warmem Wasser auswaschen oder Fleckenwasser anwenden, betupfen, kalt auswaschen.

Kugelschreiber

Spiritus auf Wattebausch geben, leicht abtupfen.

Lippenstift

Alkohol auf Wattebausch geben, abtupfen oder in Feinwaschmittel waschen.

Milch

In lauwarme Waschmittellauge legen. Nach einigen Stunden spülen, waschen.

Obst

Bei Obstflecken empfiehlt sich die Zugabe von Fleckensalz (z. B. Sil).

Rotwein

Mit Saugpapier sofort aufsaugen, spülen, waschen.

Wachs

Erst ablösen. Rest zwischen Saugpapier mit mittlerer Bügeltemperatur herausbügeln.

Register

Abendjackett, 29, 31
Ahornholz, 161
Alpaka, 122
Amadeus, 73
Angora, 123
Angorakaninchen, 123
Angoraziege, 14, 53
Anilinfärbung, 181
Anwalken, 84
Anzug, halbmaßgeschneiderter, 25
Anzug, konfektionierter, 25
Anzugbürsten, 192
Anzughose, 51
Anzugknopfstellung, 22
Anzugpflege, 192
Anzugtaschen, 23
Apfelholz, 161
Aquascutum, 73
Argyle-Karo, 132
Arm, eingesetzter, 69
Ärmelpaßform, 91
Arndt, Ernst Moritz, 99
Ascot, 113
Atkinson, 113
Atlasbindung, 14
Ausbluten, 194, 197
Austin, Runny, 177

Bade-Shorts, 174–177
Badeanzug, 172
Badehose, 176
  Farben, 175
  Form, 176
Badekleidung, 173
Bademantel
  Farben, 179
  Formen, 179
Bademantel, klassischer, 179
Balzac, Honoré de, 101
Bambus, 161
Bambusrohr, 161
Baron Raglan, 69
Barrie, Chester, 26, 73
Baumwoll-Anzug, 15
Baumwoll-Batist, 83
Baumwoll-Batist-Hemd, 83
Baumwoll-Fil-à-fil, 86
Baumwoll-Flanell, 84
Baumwoll-Flanell-Hemd, 84
Baumwoll-Hemden-Pflege, 193
Baumwoll-Hose, 54
Baumwoll-Mantel, 65
Baumwoll-Popeline, 66, 83
Baumwoll-Popeline-Hemd, 83
Baumwoll-Strümpfe, 131
Baumwolle, 15, 54, 65, 83, 86, 131, 132
Beinkleid, 9, 49
Beinling, 50
Bermudas, 175–177
Beschläge, 168
Bierflecken, 204
Billettasche, 23
Black tie, 29
Blazer, 41
  Farben, 41
  Form, 41
  Material, 41
  Trageanlaß, 41
Bonner Anzug, 35
Bootsschuh, 153
Bowler, 37
Boxcalf, 144
Boxer-Shorts, 176
Breitcord, 54
Breitcordhose, 54
Brigg, 164, 167–169, 201
Brioni, 26, 113
British Warm, 70
Brogue, 149, 150
Brogue-Schuh, 149
Bronze, 162
Brooks Brothers, 10
Brummel, George Bryan, 10, 99
Brust-Leistentasche, 23, 68
Budapester, 43, 150, 151
Bügelfalte, 50
Bügeln, 203
Bundfaltenhose, 50, 51

Buntwäsche, 203
Burberrys, 73
Burini, 93
Burnus, 62
Bürsten, 192
Business-Hemd, 86
Business-Schuh, 149
Button-down-Kragen, 88

Camber, 31, 74, 75
Carnaval de Venise, 113
Carrick, 62
Cashmere, 14, 63, 121, 124, 130
Cashmere-Anzug, 14
Cashmere-Schal, 74–77
Cashmere-Strümpfe, 130
Cashmereziege, 14, 63, 121
Channel Tweed, 12
Chapeau claque, 31
Check, 16
Chesterfield, 62, 68, 74
  Anlaß, 74
  Farben, 74
  Form, 74
  Material, 74
Cheviot, 12, 64
Cheviot-Anzug, 12
Cheviot-Mantel, 64
Chevrau, 144
Chromgerbung, 180
Church's, 154
Cool Wool, 53
Cool Wool-Hose, 53
Cord, 54
Cordhose, 54
Cordovan, 145
Cordovanleder, 145
Crêpe de Chine, 85, 108
Cummerbund, 29, 30, 32
Cutaway, 32, 33, 87, 88
  Farben, 33, 34
  Form, 34
  Material, 34
  Trageanlaß, 33

Dachbezug, 167
Dandytum, 99
Decke, 167
Denim, 54
Derby, 150
Derby-Schuh, 150
Dessin, 16
Deutsche Schuhgröße, 133
Diamants, 93
Dinner-Jackett, 29, 31
  Farben, 32
  Form, 31
  Material, 31
  Trageanlaß, 31
Donegal, 65
Donegal-Mantel, 65
Doppelmanschette, 188
Dreiknopf, 23
Dufflecoat, 66, 72, 77
  Farben, 77
  Form, 77
  Material, 77
  Trageanlaß, 77

Edelhaare, 121
Edelmetalle, 162
Eden, 32, 74, 75
Edmonds, Allen, 154
Edsor, 113
Edward VII., 10, 29
Egeria, 178
Eichenholz, 161
Eigelbflecken, 204
Ein-Knopf-Manschetten, 90
Einknopf, 23
Einlagen, 93
Einlegearbeit, 124
Einreiher, 24, 68, 71
Einstückarm, 68
Einstückschirm, 166
Einstecktuch, 30, 32, 37–40
Einzelhose, 51
Elchleder, 182
End-in-end, 87
End-in-end-Hemd, 87
Eschenholz, 161
Exotenleder, 146

Façon, 24
Fadenstärke, 121, 124
Fancy, 87, 124, 163
Fancy-Hemd, 87
Farbflecken, 204

Feder, 167
Feincord, 54
Feincordhose, 54
Feinwäsche, 203
Fesselsocke, 133
Fettflecken, 204
Fil-à-fil, 19
Fischgrat, 20, 65
Fischgrat-Mantel, 65
Fischgrat-Muster, 20
Flachspflanze, 16
Flanell, 11, 53, 175
Flanell-Anzug, 11
Flanell-Hemd, 84
Flanell-Hose, 41, 53, 54
Fleckenentfernung, 204
Formen, 138
Formerei, 138
Four-in-hand, 100, 106
Frack, 9, 10, 26, 27, 32, 88
  Farbe, 28
  Form, 27
  Hemd, 28
  Material, 28
  Trageanlaß, 27
  Tragezeiten, 27
Frackmantel, 67, 73
Freizeit-Gürtel, 55
Friedman, 93
Frottee, 178
Frottier, 178
Frottier-Bademantel, 178
Full-Brogue, 150
Fully-Fashion, 125
Funktionsschirm, 165
Fußgröße, 133

Gabardine, 13
Gabardine-Anzug, 13
Gallo, Calze, 139
Gamasche, 148
Garnfärbung, 129
Gehrock, 10
Gerbung, 180
Gerbung, mineralische, 180
Gesäßtasche, 51
Geschäftsanzug, 39
Givenchy, 113
Glencheck, 16
Glocke, 61, 62
Goethe, Johann Wolfgang von, 173, 185
Gold, 168, 187, 189
Golfschirm, 165
Goodyear-Verfahren, 154
Griff, 164–166
Gumtwill, 76, 108
Gürtel, 55, 57
Gürtelbreite, 55
Gürtelende, 55
Gürtelfarbe, 55
Gürtelschließe, 55

Haferl-Lasche, 152
Hahnentritt, 17
Hahnentritt-Muster, 17
Halbkammgarn, 12
Half-Brogues, 150
Halsbinde, 186
Handformen, 138
Handintarsien, 124
Handschuhe, 33, 35, 74, 75, 77
Handstricken, 135
Handwäsche, 203
Harris Tweed, 53
Haselnußholz, 161
Havelock, 62, 67, 73
  Farbe, 74
  Form, 73
  Material, 73
  Trageanlaß, 73
Havelock, (General Sir) Henry, 67
Hawaii-Hemd, 86
Hawaii-Muster, 176
Hellborn, 25
Hemd, 34, 36–41, 43
Hemdbrust, 82
Hemdenbügeln, 195
Hemdenfalten, 196
Hemdenpflege, 193
Hemdentrocknen, 194
Hemdenwäsche, 194, 195
Hemdfarbe, 85
Hemdknöpfe, 28
Hemdtasche, 90
Herno, 73
Herrenbadeanzug, 173

Herrenhose, lange, 50
Herrenkleid, 9
Herrenmantel, offizieller, 66
Herrenmantel, sportlicher, 66
Herrenschmuck, 185
High Performance, 53
High Performance-Hose, 53
Hirschleder, 145, 183
Historie
  Anzug, 9
  Badehose, 172
  Bademantel, 178
  Hemd, 80
  Herrenschmuck, 184
  Hose, 49
  Krawatte, 96
  Lederbekleidung, 180
  Mantel, 61
  Schirm, 159
  Schuhe, 143
  Strümpfe, 128
Hockney, David, 132
Holzspanner, 199
Homburg, 31, 32, 37, 74
Hose, 41, 128
Hose, karierte, 55
Hosenaufschlag, 51
Hosenbeinweite, 51
Hosenbürsten, 192
Hosenform, 50
Hosenlänge, 51
Hosenpflege, 192
Hosentaschen, 51
Hosenträger, 55–57
Hubertusform, 75
Hut, 28, 31, 32, 35, 37, 74–76

Intarsie, 124
Internationale
  Anzugcollectionen, 26
  Krawattencollectionen, 113
  Hemdcollectionen, 93
  Mantelcollectionen, 73
  Schirmkollektionen, 169
  Strumpfcollectionen, 139
Irish Popeline, 110
Irish Tweed, 12

Jacquard-Webstuhl, 100
Jeans, 54

Kaffeeflecken, 204
Kakaoflecken, 204
Kalbsleder, 144, 145, 182
Kamelhaar, 64, 122
Kamelhaar-Mantel, 64
Kammgarn, 11–14, 21, 35
Kammgarn-Serge, 11
Kammgarnzwirn, 13
Kappnaht, 92
Karnak-Baumwolle, 131
Karnak-Zwirn, 131
Karo, 16, 55
Karo-Badehose, 176
Karo-Muster, 176
Kaschmir, 14
Kaschmir-Anzug, 14
Kaschmir-Muster, 108
Kastanie, 161
Ketteln, 137
Ketteln, maschinelles, 137
Kettfaden, 83
Kiltie, 151, 152
Kirschholz, 161
Klammerkragen, 88
Kläppchenkragen, 88
Kleiderpflege, 192
Kleidungskultur, 5, 62
Kleidungsstil, 6
Kniehose, 49
Kniestrumpf, 133
Knopfleiste, 68, 82
Knopfstellung, 22
Kochwäsche, 203
Kofferschirm, 164
Kokon, 15
Köperbindung, 15, 17–19, 86
Kragen, 82, 85
Krageneinlagen, 93
Kragenfarbe, 85
Kragenform, 82, 86, 90
Kragenklammer, 88
Kragenmode, 82
Kragennadel, 88
Kragenpaßform, 90
Kragenstäbchen, 93
Kragenweite, 91

Krawatte, 34, 36–40, 42, 43, 96
  Formen und Knoten, 101
  Irish-Popeline, 109
  Materialien und Dessins, 107
  Trageanlaß, 114
  Verarbeitung, 110
Krawattenklammer, 197
Krawattennadel, 186
Krawattenpflege, 196
Krawattenreinigung, 197
Krawattenspange, 187
Kreidestreifen, 21
Krücke, 164–166
Kugelschreiberflecken, 204
Kultur, 5
Kunstfaser, 131, 175
Kunstfaser-Badehose, 175
Kurzsocke, 133

Lack-Pump, 147
Lackleder, 145
Lacklederschuh, 200
Lackschuh, 28
Lama, 121, 122
Lamb, 136
Lambswool, 13, 120
Lambswool-Anzug, 13
Lambswool-Geelong, 120
Lammleder, 182
Lammwolle, 124
Langbinder, 186
Lanvin, 113
Laschenkragen, 88
Leder, 144, 180, 181
Lederfärben, 181
Ledergerbung, 180
Lederhandschuhe, 74
Lederreinigung, 201
Ledertrocknen, 201
Lederverarbeitung, 183
Lee, William, 136
Leibwäsche, 81
Leinen, 16, 54, 84
Leinen-Anzug, 16
Leinen-Hemd, 84
Leinwandbindung, 15, 16
Leinwandgewebe, 83
Lenius, Oscar, 25, 26, 73, 93, 113, 139
Leonard, 113
Lippenstiftflecken, 204
Loden, 64
Lodenmantel, 64, 67
Lorenzini, 93
Ludwig IX., 188
Ludwig XIV., 97
Lycra, 175

Macaroni-Club, Londoner, 10, 99
Madras, 86
Madras-Hemd, 86
Madraskaro, 176
Mako-Batist, 83
Malacca, 161
Manschette, 82, 91, 188
Manschetteneinlagen, 93
Manschettenform, 82
Manschettenknopf, emaillierter, 189
Manschettenknöpfe, 28, 30, 32, 34, 36–39, 42, 188
Manschettenpaßform, 91
Mantel, 63
  Farben, 66
  Form, 66, 67
  Paßform, 67
Marie, Caroline, 172, 173
Maschenbild, 132
Maßanzug, 25
Maßkonfektion, 25
Maßschneidereien, 25
Mausezahn, 19
Mausezahn-Muster, 19
Melone, 31
Merinoschaf, 13, 119, 130
Merinowolle, 11, 53, 123
Messing, 162
Metall-Dach, 167
Metalle, 167
Metallspange, 167
Metis-Leder, 182
Milchflecken, 205
Militärmäntel, 70
Millrayé, 85
Modalität, 5
Mode, 5, 22
Modediktat, 22

Mogador-Krawatten, 109
Mohair, 14, 53, 122
Mohair-Anzug, 14
Mohair-Hose, 53
Mohairziege, 122
Moiré, 163
Mokassin, 43, 151
Mokassin, amerikanischer, 152
Mokassin, norwegischer, 152
Mokassin-Schuh, 151
Monk, 152, 153
Monk-Schuh, 152
Mühlradkragen, 82
Musterung, 16

Nadel, 186
Nadelkragen, 88
Nadelstreifen, 21
Nadelstreifen-Muster, 21
Nähen, 134
Nappaleder, 181, 182
Naturfaser, 130, 175
Naturfaser-Badehose, 175
Naturseide, 162, 163
Needle, 88
Noppen, 12, 53
Nußbaumholz, 161

Obergewand, 81
Oberhemd, halbmaßgeschneidertes, 92
Oberhemd, konfektioniertes, 92
Oberhemd, maßgeschneidertes, 92
Oberhemdenverarbeitung, 92
Oberrock, 9
Obstflecken, 205
Oxford, 83, 147
Oxford-Hemd, 83
Oxford-Schuh, 147, 148

Paisley, 86, 108, 163
Pantalon, 50
Paspeltasche, 23
Patent, 124
Pattentasche, 23, 68
Peccary, 144, 182
Peccaryleder, 144
Pelerinenmantel, 67
Penny-loafer, 151, 152
Pepita, 18
Pepita-Muster, 18
Perl, 139
Perlmutt, 93
Perlmuttknopf, 93, 168
Pfeffer und Salz, 19
Pfeffer und Salz-Muster, 19
Pferdeleder, 145
Pflege, 192
Pflegesymbole, 203
Phantasie, 124
Pigmentfärbung, 181
Pin, 88
Pinstripe, 21
Piqué, 27, 28
Plastron, 34, 101, 106, 186
Plated Gold Collar, 162
Polyamid, 130
Polyamid-Strümpfe, 130
Polyamidbeimischung, 131
Popeline, 65, 83, 109
Popeline-Mantel, 65
Porcleder, 181
Prince of Wales-Schirm, 165
Pullover, 197
Pullunder, 42, 43
Pumphose, 50

Raglan, 62, 69
Raglanarm, 68, 69
Rahmennähen, 154
Rauhleder, 145
Raute, 124
Realseide, 130
Rechts/Links-Strickart, 123
Regatta Shirts, 85
Regenschirm, 160
Regenschirm, klassischer, 163, 164
Regent, 26, 73
Regimentsstreifen, 107
Reinigen, 203
Reinigung, 197
Reisemantel, 69, 75
  Farben, 76
  Form, 75
  Material, 76
  Trageanlaß, 75

Reiseschirm, 164
Reuter, Nic, 25
Revers, 23
Rindsleder, 182
Rippbreite, 134
Rippe, 134
Rippstrumpf, 134
Römerstreifen, 85
Rosenholz, 161
Rotweinflecken, 205
Rückenschlitz, 23, 68
Rumpfpaßform, 91
Runner, 167

Sakko, 37, 41
Sämischgerbung, 180
Sandale, 143
Satinschärpe, 29
Savile Row, 25
Schaftlänge, 133
Schal, 74–77
Schalkragen, 23
Schappesseide, 130
Schieber, 167
Schirmbahnen, 167
Schirmbeschläge, 168
Schirmdach, 167, 168
Schirmdraht, 168
Schirmfarben, 163
Schirmgestell, 162
Schirmhölzer, 161
Schirmkrone, 168
Schirmlänge, 164
Schirmmetalle, 167
Schirmplatten, 162
Schirmschieber, 162
Schirmseide, 162
Schirmstange, 167
Schirmstocklänge, 164
Schirmtrocknen, 200
Schirmverarbeitung, 165
Schleife, 27–30, 32, 101
Schlips, 100, 101, 186
Schlitz, 23
Schmuckband, 162
Schnabelschuh, 143
Schnallenschuh, 153
Schnürschuh, 147
Schön, Mila, 113
Schottenkaros, 86, 163
Schottland, 119
Schuh, klassischer, 146–148
Schuh, offizieller, 147
Schuhbesohlung, 200
Schuhe, 28, 30, 32, 35, 37–39, 41–43
Schuhepflege, 198, 199
Schuhetrocknen, 199
Schuhfarbe, 146
Schuhverarbeitung, 154
Schurwolle, 63
Schurwolle, reine, 53, 120
Schurwolle-Schal, 77
Schuß, 164–166
Schußfaden, 83
Schwalbenschwanz, 26
Schwedische Birke, 161
Schweizer Batist, 83
Sea-Island, 83, 131
Seide, 15, 75, 84, 130
Seide, vorgewaschene, 84
Seiden-Anzug, 15
Seiden-Hemd, 81, 84
  Pflege, 194
Seiden-Schal, 74, 76, 77
Seiden-Strümpfe, 130
Seidenraupe, 15
Seidenrips, 107
Seidenspinner, 15
Seitenschlitz, 22, 23
Semianilinfärbung, 181
Serge, 175
Shantung-Seide, 84
Sheffield-Stahl, 162
Shetland, 12, 64, 121
Shetland-Anzug, 11
Shetland-Inseln, 64, 121
Shetland-Mantel, 64
Shetland-Wolle, 121
Shorts, 177
Silber, 162, 165, 168, 187, 189
Slipon, 70–72, 76
Slipper, 147
Smoking, 10, 28, 29, 31, 88
  Farben, 30
  Form, 30
  Material, 30
  Trageanlaß, 30

Smokinghemd, 29, 32, 90
Smokinghose, 32
Smokingschleife, 32
Snapbream, 76
Socken, 28, 30, 32, 35, 37–40, 42, 43, 198
Socken, hochwertige, 129
Socken, qualitätvolle, 129
Sockengröße, 133
Solid-Verarbeitung, 162, 165
Solidität, 162, 165
Sonnenschirm, 160
SØR, 26, 35, 73, 93, 113, 138, 139, 154, 164, 167–169, 178, 201
Spitze, 164, 165
Sportanzug, 40
  Farben, 40
  Form, 40
  Material, 40
  Trageanlaß, 40
Sporthemd, 85, 90
Sporthemd gestreiftes, 85
Sportmütze, britische, 76
Sportmanschette, 90, 189
Sportmantel, 69, 75
Sportsakko, 42
  Farben, 42
  Form, 42
  Hose, 43
  Material, 42
  Trageanlaß, 42
Stadtanzug, 39
  Farben, 39
  Form, 39
  Material, 39
  Trageanlaß, 39
Stadtmantel, 68, 75
  Farbe, 75
  Form, 75
  Material, 75
  Trageanlaß, 75
Stefano, Santo, 113
Stehkragen, 82
Steinkirk, 98
Stichdichte, 93
Stichelhaar, 12, 53
Stock, 164, 166
Stocklänge, 164
Stollmann, 25
Strümpfe, 134–136
Straßenanzug, 10
Strauss, Levi, 54
Streichgarn, 11, 12, 35
Streichgarnstoff, 64
Streifen, 85
Stresemann-Hose, 33–35
  Farben, 36
  Form, 36
  Material, 36
  Trageanlaß, 36
Stresemann, Gustav, 35
Stricken, 136
Stricken, maschinelles, 136
Strickkrawatten, 110
Strickschal, 77
Strickwaren, achtfädige, 124
Strickwaren, einfädige, 124
Strickwaren, mehrfädige, 124
Strickwaren-Pflege, 197
Strickwarenwäsche, 198
Strohhut, 32
Strumpfeinheitsgröße, 138
Strumpffarbe, 132
Strumpfgröße, internationale, 133
Strumpfgrößen, 138
Strumpfpflege, 198
Stulpenstiefel, 143
Stummer Diener, 193
Super 100, 53, 130
Super 100-Hose, 53
Synthetikfaser, 131

Tabkragen, 88
Tagesanzug, 10
Taillierung, 91
Tartan, 77, 163
Taschen, 23, 90
Taschenhut, 76
Tassel-loafer, 151
Tattersall, 86
Tattersall-Hemd, 86
Toga, 61, 62
Trenchcoat, 70, 71, 76
Trocknen, 193, 194
Tropical, 14
Tropical-Anzug, 14

Tuch, 186
Tuchrock, 9
Turndown, 86
Tuxedo, 29
Tweed, 12, 53, 63, 64
Tweed-Anzug, 12
Tweed-Hose, 53
Tweed-Mantel, 64

Uhrtasche, 51
Umlegekragen, 86
Uni-Badehose, 176
Untergewand, 81
Unterhemd, 80
Upland-Baumwolle, 15

Laack, van, 93
Vatermörder, 82, 100
Veloursfrottier, 179
Veloursfrottier-Bademantel, 179
Veloursleder, 145, 181, 182
Velourslederschuh, 200
Vernähen, 138
Vikunja, 63, 121
(Vikunja-)Lama, 63
Viyella, 84

Wachsflecken, 205
Wadenstärke, 133
Wadenstrumpf, 129, 133
Walkfrottier, 178, 179
Walkfrottier-Bademantel, 178, 179
Walnußholz, 161
Wappenkrawatten, 107
Waschbottich-Symbol, durchgestrichenes, 203
Waschen, 193, 194, 197, 198, 203
Waschsymbole, 203
Wendemantel, 66
Weste, 27–30, 32–34, 37–40
Wettermantel, 66, 70, 76
  Farben, 77
  Form, 76
  Material, 77
  Trageanlaß, 76
Whangee, 161
White tie, 27
Wildleder, 145
Wildledergürtel, 55
Wildseide, 84
Windsor-Knoten, 106
Wing-Tip, 148, 149
Wing-Tip-Schuh, 148
Wirken, 135, 136
Woll-Strümpfe, 130
Wolle, 53, 63, 84, 119, 120, 130–132
Wolle/Baumwolle, 84
Wolle/Cashmere, 84
Wolle/Seide, 84
Wollhaar, 120
Wollhemd, 84
  Pflege, 194
Wollhose, 53
Wolljersey, 175
Wollkammgarn, 84
Wollkräuselung, 120
Wollmantel, 63
Wollmäntelpflege, 193
Wollmischungen, 123
Wollproduktion, 119
Wollqualitäten, 109
Wollschal, 76
Wollsocken, 131

Zegna, 26, 73, 114
Ziegenleder, 144, 182
Zierat, 184
Zwei-Knopf-Manschetten, 90
Zweiknopf/Einreiher, 22
Zweireiher, 22, 23, 26, 68, 71
Zweistückkragen, 93
Zwirn, 129
Zylinder, 28, 33, 35, 37, 74
Zypressenholz, 161